생명의 샘

이재록 목사의 기독교신문 칼럼 모음

생명의 샘 

Fountain of Life

영원한 생명을 주는 축복의 말씀

"지혜 있는 자의 교훈은 생명의 샘이라
사람으로 사망의 그물을 벗어나게 하느니라"

(잠언 13:14)

보화와 같은 하나님 말씀이
가득한 생명의 샘

예루살렘 성전 양문 곁에는 '베데스다'라는 못이 있었습니다. 그 못에는 이따금 물이 움직였는데, 사람들은 천사가 한 것이라고 여겼습니다. 물이 움직일 때 가장 먼저 못에 들어간 사람은 어떤 병이든 낫는다는 소문 때문에 주변에는 온갖 병을 가진 사람들로 붐볐습니다. 그중에는 38년 된 병자도 있었습니다. 그는 오랫동안 병으로 고통받았지만, 나을 수 있다는 희망으로 못가를 떠나지 않았습니다.

그의 마음을 아신 예수님은 "네가 낫고자 하느냐?" 하시며 사랑의 손길을 내미셨습니다. 그는 물이 움직일 때 거동이 불편한 자신보다 다른 사람이 먼저 내려간다며 안타까운 심정을 말합니다. 이에 예수님께서는 "일어나 네 자리를 들고 걸어가라." 말씀하셨습니다. 그러자 병자는 몸에 힘이 생겨 자신도 모르게 벌떡 일어났습니다. 예수님은 단지 말씀만 하셨는데 38년간이나 그를 괴롭히던 병이 치료된 것입니다.

어느 날, 예수님이 사마리아 땅을 지나시다가 '수가' 라는 동네에 이르렀습니다. 마침 한 여인이 우물가에 물을 길으러 나왔는데 예수님은 그녀에게 물을 달라며 말을 건네셨습니다. 복음을 전하기 위해 말문을 여신 예수님께서는 하나님의 선물인 성령과 영생수를 주는 자신에 대해 전하며 여인에게 다섯 명의 남편이 있었음을 말씀하십니다.

자신의 과거를 훤히 아시니 여인은 예수님을 선지자라 여겼습니다. 그런데 예수님은 자신이 메시아임을 밝히십니다. 여인은 메시아를 만난 기쁨에 물동이를 버려둔 채 마을로 달려가 만나는 사람마다 예수님을 전했습니다. 그녀의 말을 들은 마을 사람들은 예수님을 초청하여 복음을 듣고 삶이 새롭게 변화되었습니다.

이처럼 예수님의 입에서 나온 말씀은 무한한 능력과 창조의 힘이 있어서 어떠한 인생의 문제도 해결하며 질병을 치료하고 참된 생명을 줍니다. 그래서 잠언 13장 14절에 "지혜 있는 자의 교훈은 생명의 샘이라 사람으로 사망의 그물을 벗어나게 하느니라" 하신 것입니다. 생명의 샘이란 사람들의 각종 고난과 답답함을 해결해 줄 수 있는 생명수 곧 하나님 말씀을 의미합니다.

창조주 하나님께서는 전지전능하셔서 능치 못할 일이 없으십니다. 모든 것을 예지하시는 분으로서, 인생의 처음과 끝은 물론 인생 문제의 모든 답을 성경에 담아 놓으셨습니다. 우리가 이런 하나님을 의지하고 그 말씀대로 행해 나갈 때 영원한 생명을 얻을 뿐 아니라 하늘로부터 지혜와 명철을 받아 형통한 길을 갈 수 있습니다.

『생명의 샘』은 기독교신문에 게재한 신앙칼럼 일부를 모아서 말씀 무장 및 가정예배에 활용할 수 있도록 편집한 책입니다. 창조주 하나님과 예수 그리스도, 구원, 성령, 예배, 기도, 믿음 등 신앙의 기초적인 내용을 비롯하여 하나님 앞에 인정받는 주의 종과 일꾼이 되는 길을 제시하였습니다. 뿐만 아니라 질병이나 물질의 문제 등 살면서 당면하는 갖가지 문제들을 하나님 말씀에 비추어 해결할 수 있도록 구성하였습니다.

모쪼록 이 책을 읽는 분마다 보화와 같은 하나님 말씀으로 영원한 생명을 얻어 예수 그리스도 안에서 새로운 삶을 영위하시기 바랍니다. 나아가 하나님 자녀로서 영혼이 잘됨같이 범사가 잘되고 강건한 축복이 임하시기를 주님의 이름으로 축원합니다.

2011년 1월, 겟세마네 기도처에서

이재록 목사

Contents

part 1

예수 그리스도 안에서의 새 삶

part 2

구하라, 찾으라, 두드리라

part 5

하나님이 기뻐하시는 일꾼

part 6

뛰어난 사람, 복 있는 사람

"그런즉 누구든지 그리스도 안에 있으면
새로운 피조물이라 이전 것은 지나갔으니
보라 새것이 되었도다"
(고린도후서 5:17)

New Life in Jesus Christ

사람을 지으신 하나님의 뜻

뛰어난 도공은 좋은 흙을 선택하여 많은 수고와 인내를 통해 진귀한 청자나 백자 등을 만들어 냅니다. 흙을 반죽하여 정성껏 형태를 빚고 문양을 새기고 유약을 바른 다음 여러 번 구워 훌륭한 도자기를 만듭니다. 그런가 하면 어떤 사람은 같은 흙으로 흔한 질그릇을 만들기도 합니다. 이처럼 누가 어떤 재료로 어떤 물건을 만드느냐에 따라 가치가 크게 달라집니다.

전지전능하신 하나님께서는 자기 형상을 따라 매우 아름답게 사람을 창조하셨습니다(창 1:27). 겉모습만이 아니라, 근본 마음까지도 고귀하신 하나님을 닮은 영적 존재로 지으셨습니다. 그런데 성경은 "만물이 주의 뜻대로 있었고 또 지으심을 받았나이다"(계 4:11) 말씀합니다. 하나님께서 분명한 목적을 가지고 만물을 창조하셨다는 것입니다. 그러면 사람을 창조하신 궁극적인 목적은 무엇일까요?

첫째는, 참 자녀를 원하셨기 때문입니다.

전도서 12장 13절에 "하나님을 경외하고 그 명령을 지킬지어다 이것이 사람의 본분이니라" 말씀합니다. 하나님은 자신과 영적 교통을 이루며 하나님을 경외하고 그 뜻대로 살아가는 참 자녀를 원하셨습니다. 하지만 첫 사람 아담이 죄를 지은 뒤 온 인류는 세월이 흐를수록 창조될 때의 형상을 잃은 채 점점 죄악으로 물들어 갔습니다. 사람의 몸과 마음이 하나님의 형상을 따라 지음받은 존재라는 사실과 사람의 본분을 안다면 하나님 말씀대로 살아감으로 거룩한 참 자녀가 되어야 합니다.

둘째는, 영광을 받으시기 위함입니다.

하나님은 참으로 영광을 받기에 합당한 분입니다. 온 천하 만물을 지으신 분으로 전지전능하실 뿐 아니라 어둠이 조금도 없는 빛이시요, 거룩하신 분입니다. 그런데 하나님께서는 우리가 영광을 돌리면 받기만 하는 것이 아니라, 넘치는 복으로 갚아 주시며 장차 천국에서도 영원한 영광으로 되돌려 주십니다. 이사야 43장 7절에 "내가 내 영광을 위하여 창조한 자를 오게 하라 그들을 내가 지었고 만들었느니라" 말씀하셨으니 우리는 먹든지 마시든지 무엇을 하든지 하나님의 영광을 위하여 살아야 합니다. 착한 행실로 세상의 빛과 소금이 되어 하나님께 영광을 돌려야 하는 것입니다(마 5:16).

셋째는, 사랑을 주고받기 위함입니다.

하나님은 신성뿐 아니라 인성도 있으셔서 사랑을 주고받기 원하십니다. 천국에는 로봇처럼 순종을 잘하는 수많은 천사가 있지만, 그들은 자유 의지가 없기에 진정 마음 중심에서 우러나는 사랑을 줄 수 있는 존재가 아니었습니다. 하나님께서는 자유 의지 가운데 중심에서 하나님을 사랑하고 또 사랑을 주고받을 수 있는 대상을 원하셨습니다. 그래서 자신의 형상을 따라 사람을 창조하셨고 큰 사랑으로 돌보며 천국으로 이끄시는 것입니다.

하나님 자녀가 되려면

만약 아버지가 한 나라의 왕이라면 그 자녀의 권세 또한 클 것입니다. 수고하지 않아도 화려한 왕궁에서 온갖 부귀영화를 누릴 수 있습니다. 하물며 천지 만물을 창조하신 하나님께서 우리 아버지가 되신다면 그 자녀 된 권세가 얼마나 크고 대단하겠습니까.

하나님의 자녀가 되면 우리의 이름이 하늘나라 생명책에 기록되고(빌 4:3), 하늘나라 시민권을 얻어(빌 3:20) 천국에서 영원토록 영광을 누리게 됩니다. 물론 이 땅에서도 영혼이 잘됨같이 범사가 잘되고 강건한 복을 누릴 수 있습니다. 이러한 권세를 누리는 하나님 자녀가 되려면 어떻게 해야 할까요?

첫째, 예수 그리스도를 영접해야 합니다.

요한복음 1장 12절에 "영접하는 자 곧 그 이름을 믿는 자들에게는 하나님의 자녀가 되는 권세를 주셨으니” 말씀합니다. 예수님 사역 당시 유대인들은 이방인이나 혼혈된 사마리아인을 상종하지도 않았습니다. 그래서 갈릴리 지방으로 갈 때도 지름길인 사마리아 땅을 거치지 않고 먼 길로 돌아갈 정도였습니다. 그러나 예수님은 사마리아인에게도 구원을 베풀기 위해 사마리아 땅으로 들어가셨습니다.

그곳에서 물을 길으러 온 사마리아 여인에게 “물을 좀 달라”고 먼저 말을 건네셨습니다(요 4:7). 그녀가 예수님을 영접할 수 있도록 마음문을 두드리신 것입니다. 이와 같이 주님께서 마음문을 두드리실 때 영접하는 사람에게 구원을 베푸는 것이 하나님의 뜻입니다.

둘째, 예수 그리스도의 이름을 믿어야 합니다.

예수님께서는 요한복음 3장 16절에 “하나님이 세상을 이처럼 사랑하사 독생자를 주셨으니 이는 저를 믿는 자마다 멸망치 않고 영생을 얻게 하려 하심이니라” 하셨습니다. 이 구절을 통해 우리는 구원받으려면 믿음이 있어야 함을 깨우칠 수 있습니다. 그런데 그 믿음은 단지 입술로만 ‘주여 주여’ 하는 것이 아니라, 하나님 뜻대로 행하는 믿음입니다(마 7:21).

우리가 예수 그리스도를 영접하면 하나님께서 우리 마음에 성령을 선물로 주십니다. 성령이 오시면 우리에게 진리를 가르치고 예수님이 말씀하신 모든 것을 생각나게 하며 자신이 죄인임을 깨닫고 예수 그리스도의 이름을 믿을 수 있도록 도우십니다. 그래서 하나님이 왜 사람을 창조하셨고, 사람이 어떻게 멸망의 길로 가게 되었는지, 예수님이 왜 우리 구세주가 되시는지 그 모든 뜻과 섭리를 깨달아 마음 중심에서 "주는 그리스도시요 살아 계신 하나님의 아들"이라 고백하게 되는 것입니다(마 16:16). 이런 사람은 하나님 말씀대로 열심히 행해 나가므로 구원받아 천국에 들어갑니다.

왜 예수님만이 구세주가 되실까?

제임스 심프슨은 마취제인 클로로포름을 발견하여 수술 환자들의 고통을 덜어주었습니다. 그런데 그의 노년에 한 제자가 "선생님이 발견한 것 중에 가장 큰 업적은 무엇입니까?"라고 묻자, 그는 의외의 대답을 했습니다. "나의 가장 큰 발견은 내가 죄인이라는 것과 예수님이 나의 구세주라는 사실일세."

그의 고백처럼 예수님은 온 인류의 죄를 대신 지고 십자가에 못 박혀 죽으셨다가 삼 일 만에 부활하여 구세주가 되셨습니다. 오직 예수님만이 유일한 구세주가 되시는데, 그 이유는 무엇일까요?

첫째로, 사람으로 오셨기 때문입니다.

첫 사람 아담은 하나님께 오직 진리만 가르침 받았습니다. 당연히 그에게는 선, 사랑, 의 등 진리만 있었습니다. 그러나 그가 하나님께서 금하신 선악과를 먹고 불순종함으로 죄가 들어오니 그와 후손인 모든 인류는 죄인이 되어 스스로의 힘으로는 죄의 짐을 벗을 수 없게 되었습니다.

그런데 합당한 자격을 갖춘 이가 인류의 죗값을 대신 치러 준다면 그 짐을 벗을 수 있습니다. 죄를 대속하기 위한 구세주의 첫 번째 조건은, 사람인 아담으로 인해 죄가 들어왔으니 아담과 같은 사람이어야 한다는 것입니다(고전 15:21). 죄의 짐은 천사나 짐승이 대신 져 줄 수 있는 것이 아닙니다. 그래서 말씀이신 하나님께서 사람의 죄를 대신 지기 위해 육신을 입고 이 땅에 오셨는데 그분이 바로 예수님입니다(요 1:14).

둘째로, 아담의 후예가 아니기 때문입니다.

아담의 후예는 모두 원죄를 가진 죄인이므로 죄를 대속할 능력이 없습니다. 도저히 갚을 수 없는 큰 빚을 진 사람이 다른 사람의 빚을 대신 갚아 줄 수 없는 것과 같습니다. 그런데 예수님은 하나님의 능력 가운데 동정녀 마리아의 몸을 빌려 성령으로 잉태되셨으니(마 1:20) 아담의 후예가 아니므로 죄를 대속할 수 있습니다.

셋째로, 죄를 대속할 힘이 있기 때문입니다.

빚이 많은 동생을 도우려면 형에게 재력이 있어야 하듯이, 죄인의 구세주가 되려면 죄를 대속할 수 있는 힘이 있어야 합니다. 영의 세계에서는 죄가 없는 것이 힘입니다. 예수님은 성령으로 잉태되어 조상으로부터 죄를 물려받지 않았고, 온전히 율법을 지켜 행하심으로 스스로 짓는 자범죄도 없으셨습니다. 그렇기 때문에 죄를 대속할 힘이 있으며, 이러한 예수님의 영적인 권세 앞에 원수 마귀 사단이 굴복하고 각색 질병이 치료되며, 천하 만물도 순종했던 것입니다.

넷째로, 사랑이 있으셨기 때문입니다.

위의 세 가지 조건을 모두 갖추었다 해도 사랑이 없으면 구세주가 될 수 없습니다. 인류의 죄를 대속하려면 아무 죄 없는 몸으로 세상에서 가장 흉악한 죄인처럼 온갖 조롱과 멸시를 받으며 나무에 달려 피 흘리고 죽어야 합니다(갈 3:13 ; 히 9:22). 사랑이 없다면 어찌 그러한 희생을 감수하겠습니까. 예수님은 그런 사랑이 있으셨기에 십자가에 못 박혀 죽으심으로 구세주가 되셨습니다. 그러므로 우리는 오직 예수 그리스도를 통해서만 구원을 얻을 수 있는 것입니다(행 4:12).

부활의 영적인 의미

아담의 범죄 이후 인류는 죄의 대가로 지옥에 갈 수밖에 없었습니다 (롬 6:23). 이러한 인류를 구원하기 위해 죄 없으신 예수님께서 대신 죽으셔야만 했습니다. 어떤 고통과 희생을 감수하고라도 인류를 구원하기 원하신 하나님의 사랑과 긍휼로 인해 독생자 예수님께서 십자가를 지신 것입니다. 하지만 예수님은 죄가 없으시기에 다시 살아나 부활의 첫 열매가 되셨습니다. 그래서 예수 그리스도를 믿어 구원받은 사람은 다시 오실 주님을 기다리며 부활의 소망 중에 살아가야 합니다. 이러한 예수 그리스도의 부활이 지니는 영적인 의미는 무엇일까요?

첫째, 영원한 승리를 의미합니다.

모든 사람은 죄의 삯은 사망이라는 율법의 저주 아래 있었습니다. 예수님께서는 이러한 인류의 죄를 대신하여 십자가에 못 박혀 사망의 형벌을 받으셨습니다. 그런데 예수님은 아무 죄가 없기 때문에 사망의 권세를 깨뜨리고 부활하여 승리하셨습니다. 누구든지 믿음으로 주님과 연합하여 하나가 되면 사망의 권세에서 풀려나 구원에 이를 뿐 아니라 영원한 천국을 소유하게 됩니다.

둘째, 하나님과 화해의 상징이 됩니다.

구약 시대에는 사람이 죄를 지을 때마다 짐승을 잡아 하나님께 제사를 드림으로 용서를 받았습니다. 그러나 예수님께서 우리를 위해 화목제물이 되셔서 죄를 대속하고 부활하심으로 하나님과 우리 사이에 막힌 죄의 담을 단번에 헐어 주셨습니다(요일 2:2). 따라서 예수 그리스도의 부활은 하나님과의 화해를 상징합니다.

셋째, 부활의 소망을 갖게 합니다.

예수 그리스도께서 부활의 첫 열매가 되셨으므로 그리스도 안에서 구원받은 모든 사람은 부활합니다(고전 15:52). 이러한 소망이 있기에 하나님 자녀들은 어떠한 일에도 기뻐하고 감사할 수 있습니다. 내일 억만금이 생긴다면 오늘 먹을 양식이 없다 해도 감사할 수 있는 것과 같은 이치입니다. 나아가 하늘의 상급과 영광을 바라보며 기쁨으로 충성할 수 있습니다.

참된 안식

사람은 저마다 인생의 짐을 지고 살아갑니다. 보통 7~8세가 되면 학교에 들어가 공부를 시작하는데, 어떤 사람은 20년 가까이 많은 수고를 하며 지식을 쌓아갑니다. 공부를 마쳤다 해서 편히 쉴 수 있는 것도 아닙니다. 경쟁이 치열한 사회에 뛰어들어 '어떻게 하면 빨리 승진하고 풍요로운 삶을 누릴까?' 궁리하며 살아갑니다. 때가 되면 결혼하고 아이를 낳아 기르면서 행복도 맛보지만 수고도 함께 따릅니다.

이 외에도 여러 짐들이 있습니다. 남편은 가장으로서 가정을 잘 이끌어야 하고, 아내는 남편을 잘 내조하여 좋은 가정을 이루어야 합니다. 부모는 자녀를 잘 양육하며, 자녀는 부모를 잘 봉양해야 할 짐이 있습니다. 또 직장의 일원으로, 한 나라의 국민으로서 져야 할 책임 등 누구에게나 크고 작은 짐들이 있기 마련입니다.

그러나 이 모든 것보다 더 무겁고 큰 짐이 있는데 바로 죄의 짐입니다. 창조주 하나님이 살아 계시고 천국과 지옥이 있다는 사실을 아는 사람은 죄의 짐이 가장 크다는 것을 깨닫게 됩니다. 죄로 인해 질병이나 재앙이 오고 인생의 갖가지 문제가 생기며, 종국에는 지옥에 갈 수밖에 없기 때문입니다. 이러한 것을 해결해 주기 위해서 약 2천 년 전 예수님께서 이 땅에 오셨습니다.

예수님은 우리에게 "수고하고 무거운 짐 진 자들아 다 내게로 오라 내가 너희를 쉬게 하리라"는 사랑의 메시지를 전하셨습니다(마 11:28).

예수님 앞에 나아와 그분을 구세주로 영접하고 믿음의 길을 갈 때에 죄의 문제가 해결되기 때문입니다. 또 예수님의 멍에를 메고 그분께 배우면 마음이 쉼을 얻는다고 하셨습니다(마 11:29). 예수님의 멍에란 오직 하나님의 뜻에 순종하여 그 말씀대로 행하신 그분의 삶을 말합니다(빌 2:5~8). 이런 예수님의 삶을 본받으면 우리도 그리스도의 마음을 품고 하나님 뜻에 순종하는 사람이 됩니다.

소가 멍에를 메고 척박한 땅을 개간하여 부드럽고 좋은 땅을 만들면 풍성하게 열매를 얻을 수 있습니다. 마찬가지로 우리가 예수님의 멍에를 메고 예수님께 배우면 우리 마음 밭이 옥토로 개간되어 하나님의 풍성한 축복을 받으며 천국과 영생을 얻게 됩니다. 다투고 화내며 화평하지 못할 때 얼마나 고통스럽습니까? 그러나 예수님처럼 아무도 미워하지 않고 모든 사람을 사랑하면 마음이 기쁘고 행복합니다. 참된 안식을 누리기 원한다면 무거운 짐을 예수 그리스도 앞에 다 내려놓으십시오. 그리하여 눈물과 슬픔, 고통이 없는 영원한 천국으로 인도해 주실 하나님의 사랑 안에서 평안과 축복을 누리시기 바랍니다.

성령이 임하면

작은 것이라도 정성스럽게 포장한 선물을 주고받는 기쁨은 참으로 큽니다. 그 안에 담긴 사랑의 마음을 느끼기 때문입니다. 그런데 세상의 어떤 선물보다 귀하고 값진 것이 바로 하나님께서 우리에게 주신 '성령'입니다. 성령은 하나님의 마음으로서, 예수 그리스도를 영접할 때 하나님의 자녀 된 증거로 보내 주십니다(고후 1:22).

부활하신 주님이 승천하신 후 제자들과 주님을 믿는 사람들은 날마다 모여 기도했습니다. 그러던 어느 날, 하늘로부터 급하고 강한 바람 같은 소리가 온 집에 가득하고 불의 혀같이 갈라지는 것이 보이며 성령이 각 사람에게 임했습니다. 그러자 그들은 성령의 충만함을 받고 각기 다른 방언으로 말하기 시작했습니다(행 2:2~4). 성령이 우리 마음에 임하시면 하나님 말씀대로 살 수 있는 능력이 생기고, 무엇보다 하나님의 사랑을 느끼며 담대히 복음을 전하게 됩니다. 그러면 성령께서 하시는 역할은 구체적으로 무엇일까요?

첫째로, 진리의 빛을 발하게 합니다.

발전기가 돌아가면 전기가 발생하고 그 전기를 전구에 공급하면 빛을 내어 방 안을 환하게 밝혀 줍니다. 마찬가지로 성령께서 우리 마음에 오셔서 역사하심으로 죄와 비진리 등 어둠이 물러가고 사랑, 기쁨, 감사와 같은 진리의 빛을 발하게 됩니다.

그런데 발전기가 있다 해서 저절로 전기가 생기고 빛을 내는 것은 아닙니다. 발전기를 가동해야 합니다. 하나님께서는 우리에게 마치 발전기와 같은 역할을 하는 성령을 주셨는데 이를 가동하는 것은 우리의 몫입니다. 우리가 하나님 말씀대로 행하여 성령의 충만함을 받을 때 성령이라는 발전기가 힘차게 가동함으로 온 주위를 환하게 밝힐 수 있습니다.

둘째로, 세상을 이길 능력을 줍니다.

세상 문화는 하루가 다르게 죄악에 물들어갑니다. 이런 세상 것을 취하면 성령께서 하나님 말씀으로 책망하며 진리로 분별하게 하십니다. 그래서 혹 세상 것을 취하다가도 성령의 탄식을 느끼고 돌이킬 수 있는 것입니다. 또한 성령은 세상 사랑하는 마음 자체를 버릴 수 있도록 기도의 능력을 주십니다. 불같이 기도할 때 성령 안에 사는 기쁨을 맛보게 하심으로써 세상보다 하나님을 더 사랑하게 하십니다. 그리고 세상 사랑하는 마음을 버리고자 노력하는 자녀들을 늘 위로하고 격려하십니다.

셋째로, 풍요로운 삶을 영위하게 합니다.

성령의 도움으로 하나님 말씀대로 살아가면 마음에 기쁨과 평안이 임하고 물질, 건강 등 많은 복을 받습니다. 영혼이 잘됨같이 범사가 잘되고 강건하니 영육 간에 진정한 만족을 누리게 됩니다. 스데반 집사는 은혜와 권능이 충만하여 큰 기사와 표적을 행하였고, 지혜와 성령의 충만함을 입어 말하니 당할 사람이 없었습니다. 이와 같이 성령이 충만한 사람은 기사와 표적을 나타낼 수도 있으며 그 삶에 사랑과 은혜가 넘쳐납니다. 범사에 하나님의 축복이 넘치니 풍요로운 삶을 영위하게 됩니다.

거듭남에 담긴 비밀

물로 포도주를 만드는 첫 표적으로 사역을 시작하신 예수님께서는 병든 사람을 고치고 천국 복음을 전하셨습니다. 많은 사람이 표적을 보고 예수님을 믿었는데, 유대인의 관원인 니고데모도 예수님에 대한 소문을 들었습니다. 어느 날 밤 그는 조용히 예수님을 찾아와 '하나님께로서 온 분'이라 고백했습니다. 예수님이 행하시는 표적은 아무나 할 수 있는 일이 아니므로 그렇게 말한 것입니다.

그러자 예수님은 선한 마음을 가진 니고데모에게 거듭나야 하나님 나라에 들어갈 수 있음을 알려 주셨습니다(요 3:3). 그 말씀을 깨닫지 못한 니고데모는 '사람이 어떻게 거듭날 수 있을까?' 궁금해했습니다. 이에 예수님은 물과 성령으로 거듭나는 것에 대해 비유를 들어 설명해 주셨습니다.

그러면 물로 거듭난다는 것은 어떤 의미일까요?

물이란 영생수 곧 진리인 하나님 말씀과 그 말씀이 육신이 되어 이 땅에 오신 예수님을 가리킵니다. 요한복음 4장 14절에 예수님께서는 "내가 주는 물을 먹는 자는 영원히 목마르지 아니하리니 나의 주는 물은 그 속에서 영생하도록 솟아나는 샘물이 되리라" 말씀하셨습니다. 따라서 물로 거듭난다는 것은 예수 그리스도를 영접하여 믿음으로 죄 사함 받아 하나님의 자녀로서 새롭게 태어난다는 뜻입니다.

다음으로, 성령으로 거듭난다는 것은 어떤 의미일까요?

첫 사람 아담의 범죄 이후 모든 사람은 영이 죽어 하나님과 교통할 수 없는 존재가 되었습니다. 그런데 누구든지 예수 그리스도를 영접하여 성령을 받으면 죽었던 영이 다시 살아납니다. 그러면 하늘나라 생명책에 이름이 기록되고, 하나님을 '아바 아버지'라 부를 수 있습니다 (갈 4:6). 또한 성령께서 진리인 하나님 말씀을 통해 죄와 의와 심판에 대하여 깨닫게 해 주시니 죄를 버리고 의를 행하며 하나님의 자녀답게 살아갑니다.

씨를 심었으면 열매를 따기까지 가꾸고 수고해야 하는 것처럼 성령의 도움으로 죽었던 영이 살아났으면 자라게 해야 합니다. 성령의 소욕을 좇아 하나님 말씀을 지켜 행함으로써 진리의 마음으로 변화되어야 합니다. 이것이 곧 성령으로 영을 낳아가는 과정인데, 이 과정에서

꼭 필요한 것이 기도입니다. 힘쓰고 애써 기도하는 만큼 하나님의 은혜와 성령의 도움을 받아 진리대로 살아갈 수 있습니다. 그리하여 진리의 마음이 되는 만큼 우리 영이 쑥쑥 자라 더 좋은 천국에 들어가게 됩니다. 이러한 거듭남에 담긴 놀라운 비밀을 깨우쳐 하나님의 자녀로 거듭날 뿐 아니라 거룩한 영의 사람으로 변화되어 하나님 보좌 가까이 이르시기 바랍니다.

영생을 얻으려면

누구나 건강하고 행복하게 살기를 갈망합니다. 하지만 아무리 강건해도 100년을 넘기기가 쉽지 않고 언젠가는 죽어 한 줌의 흙으로 돌아갑니다. 영원히 살기 원하여 불로초를 얻으려 했던 중국 진시황도 결국 죽음을 맞을 수밖에 없었습니다.

그런데 예수님은 영생할 수 있는 길이 있다고 알려 주십니다. 요한복음 6장 53~55절을 보면 "인자의 살을 먹지 아니하고 인자의 피를 마시지 아니하면 너희 속에 생명이 없느니라 내 살을 먹고 내 피를 마시는 자는 영생을 가졌고 마지막 날에 내가 그를 다시 살리리니 내 살은 참된 양식이요 내 피는 참된 음료로다" 말씀했습니다. 우리가 영생을 얻으려면 인자의 살을 먹고 인자의 피를 마셔야 한다는 것입니다.

그렇다면 인자의 살은 무엇이며 어떻게 먹어야 할까요?

요한복음 1장 1절에 "태초에 말씀이 계시니라 이 말씀이 하나님과 함께 계셨으니 이 말씀은 곧 하나님이시니라" 했고, 요한복음 1장 14절에는 "말씀이 육신이 되어 우리 가운데 거하시매" 했습니다. 예수님은 말씀이 육신이 되어 이 땅에 오신 분이므로 예수님의 살이란 하나님 말씀을 뜻합니다. 그러므로 예수님의 살을 먹는다는 것은 말씀을 마음에 양식 삼는 것을 의미합니다.

하나님 말씀을 양식 삼으려면 열심히 성경을 읽고 예배 시간에 말씀을 잘 들어야 합니다(시 1:2). 하지만 머리에 지식으로 담는 것만으로는 말씀을 양식 삼았다고 할 수 없습니다. 말씀대로 마음을 변화시켜 마음에 선, 사랑 등 진리를 채우는 것이 참으로 양식을 삼은 것입니다.

다음으로, 인자의 피는 무엇이며 어떻게 마셔야 할까요?

음식을 먹으면 물을 마셔야 하듯이 하나님 말씀을 먹고 소화하기 위해서는 '참된 음료'인 '예수님의 피'를 함께 마셔야 합니다. 예수님의 피를 마신다는 것은 믿음으로 하나님 말씀을 행하는 것을 말합니다. 예수님의 피는 아무런 흠도 티도 없는 보배로운 피입니다. 레위기 17장 14절에 "모든 생물은 그 피가 생명과 일체라" 했고, 히브리서 9장 22절에는 "피 흘림이 없은즉 사함이 없느니라" 했습니다. 이에 예수님께서는 우리 죄를 대속하기 위해 보혈을 흘리셨습니다.

그런데 예수님이 우리 죄를 대속하셨다 해서 누구나 죄 사함 받는 것은 아닙니다. 요한일서 1장 7절에 "저가 빛 가운데 계신 것같이 우리도 빛 가운데 행하면 우리가 서로 사귐이 있고 그 아들 예수의 피가 우리를 모든 죄에서 깨끗하게 하실 것이요" 했기 때문입니다. 모든 죄를 용서하시는 예수님 보혈의 능력은 빛 가운데 행하는 사람에게 나타납니다. 여기서 '빛'은 하나님 말씀이므로 말씀대로 행하는 것이 곧 빛 가운데 행하는 것입니다. 이와 같이 예수님의 살과 피를 먹고 마실 때, 즉 하나님 말씀을 열심히 듣고 마음에 양식 삼아 믿음으로 지켜 행할 때 비로소 영생과 천국을 얻습니다.

행함이 따르는 영적인 믿음

믿음의 조상 아브라함이 살던 곳은 갈대아 우르입니다. 그곳 사람들은 우상을 심하게 섬겼으므로 하나님께서는 아브라함에게 그곳을 떠나라 하시고 언약의 말씀을 주셨습니다. 헤아릴 수 없이 많은 후손과 열왕들이 그에게서 날 것이라는 큰 꿈을 주셨습니다. 또 그의 후손을 통해 천하 만민이 복을 받게 될 것임을 말씀하셨습니다(창 22:17~18).

아브라함은 하나님을 믿었기에 밤에는 무수한 별을, 낮에는 상수리나무의 많은 열매를 바라보며 축복의 약속을 떠올렸습니다. 그리고 가는 곳마다 단을 쌓았습니다. 때가 되자 하나님께서는 아브라함의 손자 야곱을 이스라엘의 조상으로 세우고 그의 열두 아들을 통해 한 나라를 이루는 기반을 만드셨습니다. 그리고 열두 지파 중 유다 지파의 후손으로 예수님을 이 땅에 보내 만민에게 구원의 길을 열어 주셨습니다. 이처럼 참된 믿음은 '마음에 품고 바라는 것이 실상이 되며 현실에 보이지 않던 것이 이루어져 증거로 나타나는 것' 입니다(히 11:1).

믿음에는 육적인 믿음이 있는가 하면, 영적인 믿음이 있습니다.

육적인 믿음은 유(有)에서 유(有)의 창조를 믿는 믿음입니다. 이 믿음을 가지면 '나무로 책상을 만들었다' 는 등의 과학적이고 논리적인 사실만 믿습니다. 하나님 말씀도 자신의 생각과 이론에 맞는 것만 믿기 때문에 온전한 행함이 따르지 않습니다(약 2:26).

반면 영적인 믿음이 있으면 보이지 않고 지식에 맞지 않아도 믿습니다. 하나님의 능력으로 홍해가 갈라지고, 해와 달이 운행을 멈추며, 죽은 자가 살아났다는 성경 말씀을 의심없이 그대로 믿는 것입니다. 이런 믿음을 무(無)에서 유(有)의 창조를 믿는 믿음, 행함이 따르는 산 믿음이라고 합니다.

우리가 영적인 믿음을 소유해야 이 땅에서도 복을 받고 천국에서 영생복락을 누릴 수 있습니다. 마태복음 7장 21절에 "나더러 주여 주여 하는 자마다 천국에 다 들어갈 것이 아니요 다만 하늘에 계신 내 아버지의 뜻대로 행하는 자라야 들어가리라" 하신 대로 행함이 따르는 산 믿음으로만이 하나님의 능력을 체험하고 천국에 갈 수 있습니다.

영적인 믿음을 방해하는 요인

영적인 믿음은 보배 중의 보배입니다. 이 믿음이 있으면 구원받아 천국에 갈 수 있고 기도하는 것마다 응답받을 수 있기 때문입니다. 그런데 영적인 믿음은 갖고 싶다고 마음대로 가질 수 있는 것이 아닙니다. 하나님께서 각 사람에게 나눠 주신 분량만큼 가질 수 있습니다(롬 12:3). 만약 사람들이 마음대로 영적인 믿음을 가질 수 있다면 곳곳에 문제가 생길 것입니다. 악한 기도를 하는 사람에게 영적인 믿음이 있다면 그가 기도한 대로 악한 일들이 이루어질 것이기 때문입니다.

그러므로 공의의 하나님께서는 합당한 사람에게만 응답받을 수 있는 영적인 믿음을 주십니다. 만일 오랫동안 하나님을 믿었는데도 영적인 믿음이 없다면 그 원인은 무엇일까요?

첫째는, 육신의 생각입니다.

사람들은 순간순간 여러 생각을 하며 살아갑니다. 그중에는 하나님이 원하시는 영의 생각이 있는가 하면 육신의 생각도 있습니다. 육신의 생각이란 진리와 반대되는 모든 생각을 말하며, 이는 하나님의 뜻을 좇지 않기 때문에 결국 사망을 낳습니다(롬 6:23).

로마서 8장 6~7절을 보면 "육신의 생각은 사망이요 영의 생각은 생명과 평안이니라 육신의 생각은 하나님과 원수가 되나니" 말씀합니다. 반면 영의 생각은 하나님의 뜻을 좇기 때문에 영적인 생명을 낳고 평안합니다.

둘째는, 육체의 일입니다.

육체의 일이란 마음 안에 있는 비진리의 속성이 구체적인 행함으로 드러난 것을 말합니다. 거짓말, 욕설, 다툼과 같은 사소한 것부터 폭행, 살인에 이르기까지 행위로 나타난 죄 하나하나를 일컫는 표현입니다. 갈라디아서 5장 19~21절에 "육체의 일은 현저하니 곧 음행과 더러운 것과 호색과 우상 숭배와 술수와 원수를 맺는 것과 분쟁과 시기와 분냄과 당 짓는 것과 분리함과 이단과 투기와 술 취함과 방탕함과 또 그와 같은 것들이라 전에 너희에게 경계한 것같이 경계하노니 이런 일을 하는 자들은 하나님의 나라를 유업으로 받지 못할 것이요" 했습니다. 이처럼 현저한 육체의 일은 물론, 사소한 육체의 일까지도 버려 나가야 영적인 믿음을 소유할 수 있습니다.

셋째는, 하나님 말씀과 상반된 모든 이론과 생각입니다.

유(有)에서 유(有)의 창조를 믿는 세상 이론은 무(無)에서 유(有)를 창조하는 영적인 믿음을 소유하지 못하게 합니다. 예를 들어, 영적인 믿음을 소유하려면 하나님께서 천지 만물을 창조하신 사실을 의심 없이 믿어야 하는데, 진화론을 배운 사람은 이 지식에 가로막혀 그것이 쉽지 않습니다. 그러므로 영적인 믿음을 소유하려면 고린도후서 10장 5절에 기록된 대로 모든 이론을 파하며 하나님 아는 것을 대적하여 높아진 것을 다 파하고 모든 생각을 사로잡아 그리스도에게 복종케 해야 합니다.

주님이 원하시는 신부

구약 성경 에스더 2장에는 아하수에로 왕이 왕비를 간택하는 과정이 나옵니다. 전국에서 아리따운 처녀들을 골라 열두 달 동안이나 단장시킨 후 최고의 신부를 선택했다는 사실을 알 수 있습니다.

"처녀마다 차례대로 아하수에로 왕에게 나아가기 전에 여자에 대하여 정한 규례대로 열두 달 동안을 행하되 여섯 달은 몰약 기름을 쓰고 여섯 달은 향품과 여자에게 쓰는 다른 물품을 써서 몸을 정결케 하는 기한을 마치며"(에 2:12)

이 땅의 왕을 위해 준비하는 신부도 이처럼 최고의 단장을 하는데 하물며 주님의 신부라면 얼마나 정성스럽게 단장해야 하겠습니까. 성경에는 예수 그리스도를 신랑으로, 믿는 성도들을 주님의 신부로 비유합니다. 그러면 주님께서 원하시는 신부의 자격을 갖추려면 어떻게 해야 하는지 알아보겠습니다.

첫째로, 굳건한 믿음을 가져야 합니다.

신부의 모습이 아무리 아름답다 해도 신랑을 백 퍼센트 믿지 못하여 마음을 다 주지 않는다면 서로가 불행한 일입니다. 마찬가지로 주님의 신부가 이리저리 치우치고 쉽게 변하는 믿음을 가졌다면 주님께 기쁨이 될 수 없습니다. 오직 하나님 말씀대로 행하고, 진리를 좇아 어떠한 상황과 역경 속에서도 흔들리지 않는 믿음을 소유할 때 주님께서 원하시는 아름다운 신부가 될 수 있습니다.

둘째로, 마음이 청결해야 합니다.

마음에 가득한 더러운 죄와 불의, 불법을 영적인 물인 하나님 말씀으로 씻어낼 때 거룩한 주님의 신부가 됩니다. 다투고 혈기 내던 사람은 혈기를 버리고 온유한 사람으로, 교만한 사람은 겸손하며 섬기는 사람으로 변화되어야 합니다. 마음이 비단결같이 아름답고 부드러워서 누구와도 걸리지 않는 사람이 되어야 하는 것입니다. 마음이 청결한 사람이라면 자연히 자신의 모습이나 주변 환경도 청결하게 가꾸어 나갑니다.

셋째로, 항상 깨어 기름 준비를 잘해야 합니다.

여기서 기름이란 기도와 성령의 충만함을 의미합니다. 곧 기름 준비를 잘한다는 것은 영적인 잠에서 깨어 기도함으로 죄를 버리고 성령의 충만함을 입는 것을 말합니다.

등이 있어도 기름이 없으면 불을 밝힐 수 없듯이 주님을 영접한 사람도 기도하지 않으면 신부단장을 잘할 수 없습니다. 성령이 충만하지 못하니 말씀대로 살아갈 능력이 주어지지 않고 세상과 짝하며 사는 것입니다. 그러다가 홀연히 주님께서 오라 하시면 어떻게 하겠습니까? "저는 준비가 아직 안 됐으니 기다려 주세요." 할 수도 없습니다(마 25:1~13). 그러니 항상 깨어 불같이 기도함으로 성령의 충만함을 받아 나가시기 바랍니다.

Part 2

구하라, 찾으라, 두드리라

Ask, Seek, and Knock

"구하라 그러면 너희에게 주실 것이요
찾으라 그러면 찾을 것이요
문을 두드리라 그러면 너희에게 열릴 것이니"
(마태복음 7:7)

Ask, Seek, and Knock

하나님을 만나려면

바람은 눈에 보이지 않아도 피부에 와 닿는 느낌이나 바람에 흔들리는 물체를 통해 그 존재를 알 수 있습니다. 마찬가지로 하나님도 만물에 깃든 신성이라든가 기사와 표적 등 하나님의 살아 계심을 나타내 주시는 증거를 통해 그분이 존재함을 알 수 있습니다.

하나님은 영이시므로 육안으로는 볼 수 없지만, 자신을 만날 수 있는 길을 우리에게 알려 주셨습니다. 잠언 8장 17절에 "나를 사랑하는 자들이 나의 사랑을 입으며 나를 간절히 찾는 자가 나를 만날 것이니라" 말씀합니다. 우리가 어떻게 해야 살아 계신 하나님을 만날 수 있을까요?

첫째로, 성경 66권의 말씀을 통해 만날 수 있습니다.

하나님께서는 성경을 통해 자신을 나타내셨으므로 성경을 읽고 이해해야 하나님 뜻과 마음을 알 수 있습니다. 또한 로마서 10장 17절에 "믿음은 들음에서 나며 들음은 그리스도의 말씀으로 말미암았느니라" 하였으니 하나님 말씀이 선포되는 교회에 나와야 합니다. 그리하여 하나님 말씀을 열심히 듣고 읽으며 성령의 감동함을 받아 그 영적인 의미를 깨달을 때 하나님의 마음을 알아 가까이 나아가며 만날 수 있습니다.

둘째로, 기도하는 가운데 만날 수 있습니다.

예레미야 29장 12~13절에 "너희는 내게 부르짖으며 와서 내게 기도하면 내가 너희를 들을 것이요 너희가 전심으로 나를 찾고 찾으면 나를 만나리라" 말씀합니다. 하나님을 경외하는 마음으로 무릎을 꿇고 부르짖어 간절히 기도할 때 살아 계신 하나님을 만나게 됩니다. 모세, 엘리야, 사도 바울 등 믿음의 선진들도 한결같이 부르짖어 기도하여 놀라운 하나님의 역사를 체험했습니다.

셋째로, 찬양하는 가운데 만날 수 있습니다.

하나님은 찬양을 매우 기뻐 받으십니다. 찬양은 곡조 있는 기도로서 하나님을 만나는 길이며 방법입니다. 그러므로 누구든지 마음을 다해 영혼의 찬양을 올리면 하나님을 만나게 됩니다. 슬플 때에 위로와 기쁨을 받고(시 105:2~3), 상한 마음을 치료받으며(삼상 16:23), 고난을 이길 힘을 받습니다(벧전 1:3~7).

넷째로, 예배드리는 가운데 만날 수 있습니다.

구약 시대에는 제사를 통해 하나님을 만날 수 있었습니다. 아브라함은 항상 단을 쌓고 제사를 드림으로, 솔로몬 왕은 일천번제를 드림으로 하나님을 만나 놀라운 축복을 받았습니다. 구약 시대의 제사가 신약 시대의 예배로 바뀌었으므로 예배는 하나님 앞에 나아가 하나님을 만나는 길이 됩니다. 우리가 신령과 진정으로 예배드릴 때(요 4:24) 천국의 소망과 기쁨이 넘치며 생명 되신 하나님을 만날 수 있습니다.

다섯째로, 선과 의, 빛과 사랑 가운데로 나가면 만날 수 있습니다.

하나님께서는 선과 의 가운데, 빛과 사랑 가운데 계십니다. 고넬료는 이방인이었지만 경건하여 하나님을 경외하며 구제를 많이 하고 항상 기도하였습니다. 마음에 선이 가득한 사람은 말이나 행실에서 선이 나옵니다. 고넬료에게는 선이 있었기에 하나님을 경외하며 백성을 구제하는 행함이 나온 것입니다. 하나님께서 이런 고넬료를 만나 주심으로 온 가족과 일가, 친구들까지 구원에 이르는 축복을 받았습니다. 그러므로 항상 진리 가운데 거하여 살아 계신 하나님을 만나 축복받으시기 바랍니다.

하나님이 받으시는 예배

우리가 하나님께 예배드려야 하는 이유는 우리를 위해 천지 만물을 지으시고 예수 그리스도를 보내 죄에서 구원해 주셨기 때문입니다. 그런데 창세기 4장 3~5절을 보면, 하나님께서 받으시는 예배가 있는가 하면 받지 않으시는 예배도 있음을 알 수 있습니다.

아벨은 하나님 말씀에 순종하여 피의 제사를 드렸기에 하나님께서 열납하셨지만, 가인은 자기 생각에 맞추어 임의대로 제사를 드렸기에 받지 않으셨습니다. 오늘날도 마찬가지입니다. 하나님 뜻에 따라 드리는 영적인 예배는 하나님께서 기쁘게 받으시지만, 아무 정성과 기쁨 없이 잡념 가운데 드리는 육적인 예배는 받지 않으십니다.

솔로몬은 하나님께 정성을 다해 일천번제를 드림으로 전무후무한 지혜를 받았을 뿐 아니라 구하지 않은 부와 명예, 장수의 복까지 받았습니다(왕상 3:1~15). 우리도 이같이 하나님을 사랑하는 중심으로 신령과 진정으로 예배드릴 때(요 4:24) 하나님께서는 기쁘게 받으시고 우리의 영혼이 잘되고 범사가 형통하며 강건하도록 축복하십니다.

하나님께서 받으시는 예배는, 주일에 한 번 참석하는 것이 아닙니다. 우리 삶이 하나님께서 인정하실 만한 영적 예배의 삶이 되어야 합니다.

영적 예배의 삶의 기본이 되는 것은 바로 "항상 기뻐하라 쉬지 말고 기도하라 범사에 감사하라"(살전 5:16~18)는 말씀입니다. 이것이 그리스도 예수 안에서 우리를 향한 하나님의 뜻이기 때문입니다.

우리가 항상 기뻐할 수 있는 것은 예수님께서 화목제물이 되어 우리를 모든 죄에서 구속하시고, 사망 권세를 깨뜨려 부활의 소망과 아름다운 천국을 주셨기 때문입니다. 이를 믿는 사람이라면 영원한 천국의 소망이 있으므로 어떤 어려움이 와도 기뻐할 수 있습니다.

또 쉬지 말고 기도해야 하는 까닭은, 기도는 영혼의 호흡이기 때문입니다. 호흡이 멈추면 죽는 것같이 우리가 기도를 쉬면 우리의 영도 살 수 없습니다. 따라서 늘 기도로써 하나님과 교통하고 영이 충만하며 승리의 삶을 살아야 합니다.

또한 범사에 감사할 수 있는 것은, 하나님께서 우리의 아버지가 되시며, 우리가 구하는 것마다 응답하겠다고 약속하셨기 때문입니다. 범사에 감사하되 어려운 상황에서도 감사할 때 하나님께서 합력하여 선을 이루시며 더 많은 감사의 조건을 만들어 주십니다. 그러므로 항상 기뻐하고 쉬지 않고 기도하며 범사에 감사하는 생활로 하나님을 기쁘시게 하는 영적 예배의 삶을 살아야 하겠습니다.

하나님을 기쁘시게 하는 찬양

바울과 실라는 복음을 전하다가 감옥에 갇힌 상황에서도 중심으로 하나님을 찬양했습니다. 밤중에 그들의 찬양이 울려 퍼질 때 갑자기 지진이 일어나 옥터가 움직이고 감옥 문이 열렸습니다(행 16:25~26). 이처럼 찬양은 어둠의 권세를 물리치고 전능하신 하나님을 움직이는 위대한 힘이 있습니다.

찬양의 성경적인 의미는 하나님의 영광과 위엄 및 그분의 모든 행사를 시나 노래, 연주, 춤 등 다양한 방법으로 표현하는 것을 말합니다. 시편 150편 3~4절에 "나팔 소리로 찬양하며 비파와 수금으로 찬양할지어다 소고 치며 춤추어 찬양하며 현악과 퉁소로 찬양할지어다" 말씀합니다. 또 에베소서 5장 19절에는 "시와 찬미와 신령한 노래들로 서로 화답하며 너희의 마음으로 주께 노래하며 찬송하며" 했습니다.

그러면 하나님께서는 어떤 찬양을 기쁘게 받으실까요?

첫째, 천국에 소망을 두고 기쁨으로 드리는 감사의 찬양입니다.

하나님 말씀 안에 살지 못한 것을 회개하는 찬양이 있는가 하면, 사명 감당을 잘하기 위해 드리는 찬양도 있습니다. 그러나 하나님께서 가장 기쁘게 받으시는 찬양은 바로 천국에 소망을 두고 기쁨과 감사함으로 드리는 찬양입니다.

오직 천국을 바라보며 하나님께 영광 돌리기를 원하는 사람은 늘 거룩하고 신령한 것을 사모하며, 자신 안에 가득한 천국 소망을 찬양을 통해 다른 사람에게 전하게 됩니다. 마음속에 기쁨과 하나님에 대한 사랑, 감사가 넘쳐나니 하나님께서 그의 찬양을 기쁘게 받으십니다.

둘째, 마음 중심을 다해 드리는 찬양입니다.

마음 중심을 다한 찬양이란, 무엇보다도 마음이 거룩하고 흠 없는 상태에서 드리는 찬양을 말합니다. 하나님께서는 흠과 티가 없고 거룩하시므로 악이 조금도 없는 깨끗한 마음을 가진 사람이 드리는 찬양을 기쁘게 받으십니다. 이와 더불어 외모도 단정히 하여 정성된 모습으로 찬양한다면 더욱 기뻐하실 것입니다.

셋째, 기도로 준비된 찬양입니다.

우리가 기도를 해야 성령의 충만함을 입어 항상 기뻐하고 감사할 수 있습니다. 뿐만 아니라 기도를 통해 세상으로부터 오는 육신의 정욕, 안목의 정욕, 이생의 자랑을 버릴 수 있습니다(요일 2:16). 그럴 때 마음에 평강이 임하고 거룩해지므로 항상 하나님께서 기뻐하시는 찬양을 드릴 수 있는 것입니다.

넷째, 성령의 감동함 속에 드리는 찬양입니다.

찬양은 듣는 사람으로 하여금 은혜를 입고 감동을 받도록 해야 합니다. 그러기 위해서는 찬양하는 사람이 먼저 성령의 감동을 입어 아름답고 은혜롭게 찬양해야 합니다. 이렇게 성령의 감동함 속에 찬양을 드릴 때에 하나님께서도 기쁘게 받으시고 천군 천사들이 화답합니다. 또한 하나님의 사랑과 축복이 임하며 천국에 값진 상급이 쌓입니다.

기도의 본을 보이신 예수님

　기도는 신앙생활의 가장 중요한 기본 요소 중에 하나입니다. 기도를 통해 하나님과 교통하며 소원을 응답받을 뿐 아니라, 하늘의 능력과 지혜를 받아 승리의 삶을 영위할 수 있기 때문입니다. 반대로 기도하지 않으면 신앙생활을 제대로 할 수 없으며 영혼이 힘을 잃고 파리해지기 때문에 기도를 영혼의 호흡이라 말합니다.

　하나님께서는 "무엇이든지 기도하고 구하는 것은 받은 줄로 믿으라 그리하면 너희에게 그대로 되리라" 약속하셨습니다(막 11:24). 그러니 기도했다면 응답을 받는 것이 당연한데, 어떤 사람은 열심히 구하고도 응답받지 못하는 것을 봅니다. 이런 경우 하나님 뜻대로 기도하신 예수님의 모습을 통해 자신의 기도를 점검해 볼 필요가 있습니다. 그러면 예수님의 기도 모습을 살펴보겠습니다.

첫째로, 예수님은 습관을 좇아 기도하셨습니다.

예수님께서는 습관을 좇아 감람산에 가서 기도하셨습니다(눅 22:39). 예수님의 제자 베드로와 요한도 시간을 정하여 성전에 올라가 기도하였으며(행 3:1), 다니엘은 하루 세 번씩 예루살렘을 향하여 창을 열고 기도하였습니다(단 6:10). 이처럼 습관을 좇아 기도하는 것이 하나님의 뜻임을(살전 5:17~18) 명심하여 하나님의 자녀라면 늘 깨어 기도해야 합니다.

둘째로, 예수님은 무릎을 꿇고 기도하셨습니다.

누가복음 22장 41절을 보면 예수님이 십자가 사역을 앞두고 무릎을 꿇고 기도하신 장면이 나옵니다. 불의 응답을 받은 엘리야, 사도 바울 등 믿음의 선진들도 무릎을 꿇고 기도했습니다(왕상 18:42 ; 행 20:36). 무릎을 꿇으면 중심이 바로 서게 됩니다. 또한 무릎을 꿇는 것은 상대를 경외하는 마음을 표현하는 것이니 창조주 하나님 앞에 당연히 무릎을 꿇고 기도해야 합니다.

셋째로, 예수님은 하나님의 뜻을 좇아 기도하셨습니다.

예수님께서는 겟세마네 동산에서 기도하실 때에 "내 원대로 마옵시고 아버지의 원대로 되기를 원하나이다" 라고 기도하셨습니다(눅 22:42). 이처럼 우리도 자기의 유익을 구치 않고 오직 하나님의 뜻을 좇으며 하나님께 맡겨 드리는 기도를 해야 합니다. 하나님께 맡기는 기도란, 하나님은 모든 일에 합력하여 선을 이루시고 자녀에게 좋은 것을 주는 분임을 믿기에 어떤 결과가 온다 해도 감사하고 기뻐하는 마음으로 드리는 것입니다.

넷째로, 예수님은 힘쓰고 애써 기도하셨습니다.

누가복음 22장 44절을 보면 "힘쓰고 애써 더욱 간절히 기도하시니 땀이 땅에 떨어지는 핏방울같이 되더라" 말씀합니다. 이는 예수님께서 십자가를 지시기 전날 밤 겟세마네 동산에서 기도하신 모습입니다.

아담의 불순종 이후 사람은 수고하고 땀을 흘려야 그 소산을 먹을 수 있게 되었습니다(창 3:17~19). 이처럼 우리의 힘으로 할 수 있는 것도 땀 흘리는 수고가 있어야 얻는데, 하물며 우리 힘으로 불가능한 것을 하나님께 구한다면 얼마나 힘쓰고 애써 기도해야 하겠습니까? 그러므로 예수님처럼 습관을 좇아 기도하되, 하나님께서 원하시는 기도의 자세를 갖추고, 하나님의 뜻을 좇아 간절히 기도하여 무엇이나 응답받으시기 바랍니다.

구하라, 찾으라, 두드리라

부모가 사랑하는 자녀에게 좋은 것을 주기 원하는 것처럼, 사랑의 하나님께서는 자녀 된 우리에게 가장 좋은 것으로 주기 원하십니다. 그런데 영계의 법칙상 우리가 구하지 않으면 응답해 주실 수 없기에 마태복음 7장 7절에 "구하라 그러면 너희에게 주실 것이요 찾으라 그러면 찾을 것이요 문을 두드리라 그러면 너희에게 열릴 것이니"라고 말씀합니다.

우리는 과연 무엇을 구해야 할까요?

먼저, 하나님의 능력과 그 얼굴을 구해야 합니다(시 105:4). 하나님께서 위로부터 은혜와 능력을 주셔야 우리가 세상을 이기고 말씀대로 살 수 있습니다. 말씀대로 살기 위해서는 무엇보다 믿음이 필요합니다. 따라서 하나님의 능력을 구한다는 것은 믿음 주시기를 구하는 것과 같습니다.

하나님의 얼굴을 구한다는 것은 하나님에 대하여 알려고 노력하는 것을 말합니다. 하나님을 믿지 않던 사람이 마음 문을 열고 하나님을 찾으며, 하나님을 알고 그 음성 듣기를 구한다는 의미입니다. 말씀은 곧 하나님이시니(요 1:1) 성경 66권 말씀의 영적인 의미를 알고 깨닫는 것이 하나님의 얼굴을 구하는 것입니다.

다음으로, 하나님의 나라와 의를 구해야 합니다(마 6:33). 우리가 예수 그리스도를 열심히 전하는 만큼 많은 영혼이 구원받아 하나님 나라가 확장됩니다. 그러므로 하나님의 나라를 구한다는 것은 모든 사람이 구원받도록 민족복음화와 세계선교를 위해 기도하는 것을 말합니다. 또한 하나님의 의를 구한다는 것은 하나님 말씀을 듣고 깨우쳐 어둠에서 나와 빛 가운데 살며 하나님의 거룩하심을 닮아 성결되기 위해 기도하는 것입니다.

또한 일꾼 된 자로서 사명 감당을 위해 구해야 합니다(고전 4:2). 먼저는 하나님 나라의 일꾼이 되기 위해 기도하고, 일꾼 된 사람은 사명을 잘 감당하기 위해 구해야 합니다. 맡은 사명을 잘 감당하되 더 큰일을 맡겨도 넉넉히 감당할 수 있는 능력을 구해야 하는 것입니다.

이 외에도 일용할 양식을 구해야 합니다(마 6:11). 이는 우리 생활에 필요한 의식주, 일터의 축복, 가족의 건강, 물질 등을 구해야 한다는 의미입니다. 하나님께서는 우리가 축복된 삶을 영위할 수 있도록 이미 예수 그리스도를 통하여 모든 가난과 질병을 대속해 주셨습니다. 그러므로 먼저 하나님의 나라와 의를 구한 다음에는 우리 생활에 필요한 것들도 하나님께 구하여 부요하고 건강하며 범사에 형통한 삶을 영위해야 합니다.

그러면 우리는 무엇을 찾아야 할까요?

찾으라는 것은 잃어버린 하나님의 형상을 찾으라는 말씀입니다. 첫 사람 아담은 본래 하나님의 형상을 좇아 생령으로 지음 받았습니다. 그러나 하나님 말씀에 불순종하여 죄의 삯인 사망의 길로 가게 되었고, 결국 하나님의 형상을 잃어버렸습니다. 따라서 우리는 잃어버린 하나님의 형상을 되찾아야 합니다. 예수 그리스도를 영접하여 성령을 선물로 받으면 죽었던 영이 살아남으로 잃었던 하나님의 형상을 회복해 갈 수 있습니다.

마지막으로, 두드리라는 말씀은 무슨 의미일까요?

이는 하나님의 마음 문을 두드려 응답을 받으라는 의미입니다. 그러기 위해서는 하나님 말씀을 지켜 행하며 하나님을 기쁘시게 해야 합니다. 하나님께서 기뻐하시면 하늘 문을 열고 우리에게 응답과 축복을 주시기 때문입니다.

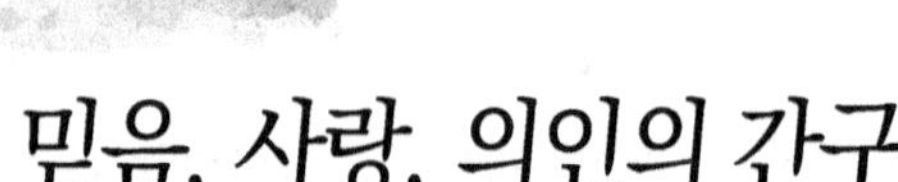

믿음, 사랑, 의인의 간구

기도는 모든 응답과 축복의 열쇠입니다. 기도로 하나님의 마음을 움직일 때에 비로소 응답과 축복이 오기 때문입니다. 그러면 어떠한 기도를 드려야 신속하게 응답받을 수 있는지 살펴보겠습니다.

첫째, 믿음의 간구입니다.

모세 선지자의 믿음의 간구를 통해 이스라엘이 아말렉과의 전쟁에서 승리할 수 있었고(출 17:8~16), 여호수아의 기도로 해와 달이 거의 종일토록 운행을 멈추었습니다(수 10:13). 또 엘리야의 간절한 기도로 불의 응답을 받았습니다(왕상 18:38). 이와 같이 오늘날도 하나님을 조금도 의심치 않고 믿음의 간구를 하는 사람마다 놀라운 역사를 체험할 수 있습니다.

둘째, 사랑의 간구입니다.

육적인 사랑은 나의 유익을 구하며 변질됩니다. 반면 영적인 사랑은 상대의 유익을 구하며 자신을 희생해 주고, 시간이 지나도 결코 변하지 않습니다. 진정 영적인 사랑이 있으면 이웃을 내 몸과 같이 사랑하고 상대의 문제를 나의 문제로 여기며 상대의 입장에서 필요한 것을 구하게 됩니다. 이처럼 참된 사랑의 기도를 하나님께서 들으시고 속히 응답해 주십니다.

셋째, 의인의 간구입니다.

이는 주님을 닮아 선하고 아름다운 마음으로 오직 하나님의 뜻대로 간절히 구하는 기도를 말합니다. 이스라엘 백성들은 출애굽 하여 가나안 땅으로 가는 여정에서 하나님 말씀을 거역하고 금신상을 만들어 숭배했습니다. 이때 진노하신 하나님께서는 그들을 진멸하고 모세를 통해 큰 나라를 이루시겠다고 말씀하셨습니다. 그러나 모세가 자신의 생명을 담보로 백성들을 위해 기도하니 하나님께서는 뜻을 돌이켜 그들을 멸하지 않으셨습니다. 수백만의 이스라엘 백성보다 하나님의 마음을 닮은 모세 한 사람을 더 소중히 여기시고 그의 간구에 응답하신 것입니다. 이처럼 의인의 간구는 역사하는 힘이 많습니다(약 5:16).

하나님 나라와 의를 구하라

성경에는 기도에 관한 말씀이 많이 나옵니다. 그중 마태복음 6장 33절에는 "너희는 먼저 그의 나라와 그의 의를 구하라 그리하면 이 모든 것을 너희에게 더하시리라" 말씀합니다. 하나님께서는 우리가 기도할 때에 먼저 하나님의 나라와 의를 구하기 원하시는 것입니다.

그러면 하나님의 나라를 구한다는 것은 무슨 뜻일까요?

복음을 전하여 영혼을 구원하기 위해 기도하는 것을 의미합니다. 부활하신 주님께서 승천하기 전에 제자들에게 마지막으로 부탁하신 말씀이 바로 "오직 성령이 너희에게 임하시면 너희가 권능을 받고 예루살렘과 온 유대와 사마리아와 땅 끝까지 이르러 내 증인이 되리라" (행 1:8) 하는 것이었습니다.

주님께서는 원수 마귀 사단의 종노릇 하며 멸망받을 수밖에 없는 인류의 죄를 대신 지고 십자가에 달려 죽으셨다가 사망 권세를 깨뜨리고 삼 일 만에 부활하셨습니다. 이로써 누구든지 예수 그리스도를 영접하여 그 이름을 믿으면 죄 사함을 받고 하나님의 자녀 된 권세를 얻어 구원에 이르게 됩니다. 따라서 예수 그리스도를 전하는 만큼 원수 마귀 사단의 진이 깨지며 하나님 나라가 이루어진다는 사실을 알아 복음 전파를 위해 기도해야 합니다. 교회와 주의 종, 성전 건축, 교회의 일꾼, 세계 선교를 위한 기도 등이 여기에 속합니다.

다음으로, 하나님의 의를 구한다는 것은 무엇일까요?

주님의 마음을 닮고 하나님 말씀대로 행하는 의로운 사람이 되기 위해 기도하라는 것입니다. 베드로전서 1장 16절에 "내가 거룩하니 너희도 거룩할지어다" 했고, 마태복음 5장 48절에 "하늘에 계신 너희 아버지의 온전하심과 같이 너희도 온전하라" 말씀합니다. 그러므로 하나님의 자녀 된 우리는 마음의 의를 온전히 이루기 위해 뜨겁게 기도해야겠습니다.

능치 못할 일이 없는 사람

오늘날 과학과 의학이 눈부신 발전을 이뤘지만 여전히 사람의 능력으로는 불가능한 일이 많습니다. 그런데 믿음 안에서는 불가능이 없습니다. 사람의 능력이 아닌 전지전능하신 하나님 능력으로 역사되기 때문입니다. 불가능이 없는 믿음의 세계가 있음을 사람들이 믿고 체험할 수 있도록 성경에는 수많은 증거가 기록되어 있습니다. 어떤 사람들이 믿음의 세계를 체험하였고, 그들의 어떤 면을 하나님께서 믿음으로 인정하고 응답과 축복을 주셨는지도 잘 나와 있습니다.

마가복음 9장 23절에 "할 수 있거든이 무슨 말이냐 믿는 자에게는 능치 못할 일이 없느니라" 하신 말씀처럼 진정 하나님을 믿는 사람에게는 불가능이 없어야 합니다. 그러면 믿음 안에서 능치 못할 일이 없는 사람의 모습은 어떠할까요?

첫째, 하나님 앞에 죄의 담이 없습니다.

이사야 59장 1~2절을 보면 "여호와의 손이 짧아 구원치 못하심도 아니요 귀가 둔하여 듣지 못하심도 아니라 오직 너희 죄악이 너희와 너희 하나님 사이를 내었고" 말씀합니다. 하나님 앞에 죄의 담이 있으면 기도해도 응답받을 수 없고 하나님의 뜻을 깨달을 수도 없습니다. 그렇기 때문에 하나님 뜻에 순종할 수도 없습니다. 따라서 하나님 앞에 죄의 담이 있다면 통회자복 함으로 신속히 죄의 담을 헐어야 합니다.

둘째, 하나님의 뜻을 좇아 행합니다.

마태복음 22장 37절에 "네 마음을 다하고 목숨을 다하고 뜻을 다하여 주 너의 하나님을 사랑하라" 말씀합니다. 그러므로 자신이 아무리 좋아하는 것이라도 하나님의 뜻이 아니면 하지 말아야 합니다. 또한 아무리 싫은 것이라도 하나님의 뜻이라면 행할 수 있어야 하는 것입니다. 이렇게 마음과 뜻과 정성을 다해 하나님의 뜻을 좇을 때 하나님께서 온전한 믿음을 주십니다.

셋째, 하나님을 사랑함으로 기쁘시게 합니다.

요한복음 14장 21절에 "나의 계명을 가지고 지키는 자라야 나를 사랑하는 자니 나를 사랑하는 자는 내 아버지께 사랑을 받을 것이요 나도 그를 사랑하여 그에게 나를 나타내리라" 말씀합니다. 우리가 하나님을 사랑하여 모든 계명을 지키며, 먹든지 마시든지 무엇을 하든지

하나님의 영광을 위해 살아가면 하나님께서 기뻐하셔서 사람의 힘으로
는 불가능한 일도 가능케 할 수 있는 믿음을 주십니다. 그러므로 범
사에 하나님을 기쁘시게 함으로 믿음 안에서 능치 못할 일이 없는 삶,
무엇을 하든지 하나님께 영광 돌리는 삶을 영위하시기 바랍니다.

성령과 연합한 합심기도

예수님께서는 제자들에게 기도로 응답받는 방법을 알려 주셨습니다. 그중 하나가 마태복음 18장 19절입니다. "너희 중에 두 사람이 땅에서 합심하여 무엇이든지 구하면 하늘에 계신 내 아버지께서 저희를 위하여 이루게 하시리라" 하셨습니다. 합심기도란 마음을 합하여 드리는 기도를 의미하는데, 이 기도가 위력이 있는 이유는 무엇일까요?

두 사람이 땅에서 합심하여 기도한다는 것은 영적으로 성령과 연합하여 기도하는 것을 의미합니다. 혼자서든 두 사람 이상이든 성령과 연합하여 하나님 뜻대로 기도하는 것을 '두 사람이 합심하여 기도한다'라고 표현한 것입니다. 우리가 예수 그리스도를 영접하면 성령께서 우리 마음에 오셔서 죄로 인해 죽었던 영을 살리십니다. 하나님 자녀의 마음 안에 성령께서 내주하며 진리로 인도하십니다. 성령께서는 하나님의 마음을 지니셨으므로 하나님의 깊은 것이라도 통달하며(고전 2:10) 하나님의 뜻대로 성도를 위해 간구하십니다(롬 8:27). 그러므로 성령께서 마음을 주관하시는 대로 기도하면 하나님께서 기쁘게 받으시고 우리가 구하는 것마다 응답해 주십니다.

우리가 늘 성령과 하나 되어 기도하려면 어떻게 해야 할까요?

우리 마음이 영 곧 진리로 변화되어야 합니다. 하나님 말씀대로 지켜 행하여 영으로 변화되는 만큼 성령님이 우리를 밝히 주관하고 음성을 들려 줌으로써 하나님의 뜻을 알게 하십니다. 성령의 음성을 듣고 주관을 받아 순종해 나갈 때 성령의 감동 감화 충만함을 입으며 우리 마음과 성령이 하나가 될 수 있습니다.

이렇게 우리 마음이 성령과 하나 되어 기도할 때에 그 기도의 위력은 대단합니다. 한 사람이 성령과 연합하여 기도해도 큰 역사가 따르는데 많은 사람이 모여서 그러한 기도를 한다면 위력이 어떠하겠습니까. 따라서 교회의 일은 물론 가정, 일터, 사업터에 어려움이 닥쳤을 때 성령과 연합하여 기도함으로 놀라운 하나님의 역사를 체험하시기 바랍니다.

하나님이 기뻐하시는 금식기도

하루는 어떤 사람이 간질 귀신 들린 아들을 고쳐 달라고 데려왔는데, 예수님의 제자들은 아무도 고치지 못했습니다. 예수님께서는 아이를 데려오라 하시고 귀신을 꾸짖어 내쫓으셨습니다. 이를 본 제자들은 자신들이 아이를 고치지 못한 이유를 예수님께 여쭈었습니다. 예수님께서는 믿음이 적은 연고라(마 17:20) 하시며 이는 기도를 통해서 응답된다 말씀하셨습니다(막 9:29). 따라서 질병을 치료받거나 문제를 해결받으려면 기도해야 하는데 특히 금식하며 간절히 하나님께 구할 때 신속한 응답을 받을 수 있습니다.

성경을 보면 금식기도를 통해 응답과 축복을 받은 사람이 많습니다. 에스더는 금식기도로 민족을 구하였고, 죄로 멸망받을 수밖에 없었던 니느웨 백성도 금식하며 돌이킴으로 구원받을 수 있었습니다. 그

만큼 금식기도의 힘은 대단한 것입니다.

하나님께서는 "나의 기뻐하는 금식은 흉악의 결박을 풀어 주며 멍에의 줄을 끌러 주며 압제당하는 자를 자유케 하며 모든 멍에를 꺾는 것이 아니겠느냐 또 주린 자에게 네 식물을 나눠 주며 유리하는 빈민을 네 집에 들이며 벗은 자를 보면 입히며 또 네 골육을 피하여 스스로 숨지 아니하는 것이 아니겠느냐 그리하면 네 빛이 아침같이 비췰 것이며 네 치료가 급속할 것이며 네 의가 네 앞에 행하고 여호와의 영광이 네 뒤에 호위하리니 네가 부를 때에는 나 여호와가 응답하겠고 네가 부르짖을 때에는 말하기를 내가 여기 있다 하리라"(사 58:6~9) 약속하셨습니다.

금식기도란 물 외에는 아무것도 입에 대지 않고 죽으면 죽으리라는 각오로 하나님께 응답을 받고자 간절히 구하는 것입니다.

금식할 때에는 반드시 부르짖어 기도하되 오락을 금하고 영적인 사랑으로 기도해야 합니다(사 58:3~5). 금식 기간은 한 끼부터 시작해서 1일, 2일, 3일, 5일, 7일, 그 이상이 될 수도 있습니다. 그러나 10일 이상 되는 장기 금식은 쉽게 결정하는 것이 아니라 하나님의 뜻을 좇아 성령의 주관을 받아서 해야 합니다.

또한 금식을 한 후에는 반드시 보호식을 해야 하며, 보호식까지 마쳤을 때라야 비로소 온전한 금식을 했다고 할 수 있습니다. 보호식 기간에도 여전히 기도의 제목을 놓고 하나님께서 원하시는 방법대로 구해야 합니다. 한 가지 주의할 점은 금식 후 시험이 올 수도 있다는 것입니다. 따라서 믿음으로 시험을 물리치기 위해 미리 기도로 준비하는 것이 좋으며, 특히 오락을 취한다거나 혈기를 내는 일이 없도록 해야 합니다. 이와 같이 행할 때 하나님께서는 가장 적절한 때에 하나님의 방법으로 응답하고 축복하십니다.

서원을 이행하는 정한 마음

사람들은 대부분 굳게 약속을 했다가도 유익이 되지 않으면 이내 변개합니다. 상황에 따라 계획을 수시로 바꾸는가 하면, 중요하다고 여겨지는 약속은 잘 지키지만 사소한 약속은 소홀히 하는 경우도 있습니다. 작은 것에 소홀하다 보면 큰 것에도 점점 무뎌집니다. 이런 사람은 대인관계에서는 물론 하나님께도 신뢰를 얻을 수 없습니다.

진정 하나님을 경외하는 사람은 자신과의 약속은 물론 사람과의 약속도 잘 지킵니다. 더구나 하나님 앞에 서원한 것은 반드시 이행합니다.

신명기 23장 21~23절을 보면 "네 하나님 여호와께 서원하거든 갚기를 더디 하지 말라 네 하나님 여호와께서 반드시 그것을 네게 요구하시리니 더디면 네게 죄라 네가 서원치 아니하였으면 무죄하니라마는 네 입에서 낸 것은 그대로 실행하기를 주의하라 무릇 자원한 예물은 네 하나님 여호와께 네가 서원하여 입으로 언약한 대로 행할지니라” 말씀합니다. 하나님 앞에 서원한 것을 임의로 어기는 것은 하나님을 만홀히 여기는 일이므로 큰 죄의 담이 됩니다. 반대로 서원한 것을 지키는 사람에게는 하나님께서 신속히 응답해 주십니다.

입다는 암몬 족속과의 전쟁에 앞서 하나님께 이스라엘의 승리를 구하며 서원기도를 드립니다. “주께서 과연 암몬 자손을 내 손에 붙이시면 내가 암몬 자손에게서 평안히 돌아올 때에 누구든지 내 집 문에서 나와서 나를 영접하는 그는 여호와께 돌릴 것이니 내가 그를 번제로 드리겠나이다”(삿 11:30~31) 고백했습니다. 하나님께서 이런 입다의 서원기도를 듣고 이스라엘에 큰 승리를 주시니 그는 기쁜 마음으로 집에 돌아옵니다.

그런데 입다를 가장 먼저 맞이한 사람은 그의 외동딸이었습니다. 그것도 전쟁에서 승리하고 돌아오는 아버지를 맞이하기 위해 소고를 잡고 춤을 추며 너무나 사랑스러운 모습으로 나왔습니다. 이를 본 입다는 옷을 찢으며 “슬프다 내 딸이여 너는 나로 참담케 하는 자요 너는 나를 괴롭게 하는 자 중의 하나이로다 내가 여호와를 향하여 입을 열었으니 능히 돌이키지 못하리로다”라고 탄식합니다.

그는 사랑하는 딸의 생명보다 하나님께 서원한 것을 더욱 중요시했기에 그대로 이행했습니다. 하나님께서는 이처럼 거짓이 없는 진실한

마음에 응답하시므로 하나님 앞에 진실한 중심으로 구하되 서원한

바는 반드시 지킬 수 있어야 하겠습니다.

하나님과 동행하는 삶

하나님께서는 하나님의 뜻대로 행하는 사람과 동행하며 보호해 주십니다. 요한복음 8장 29절을 보면 예수님께서는 "내가 항상 그의 기뻐하시는 일을 행하므로 나를 혼자 두지 아니하셨느니라" 말씀하십니다. 예수님이 항상 하나님을 기쁘시게 하니 하나님의 뜻을 다 이룰 수 있도록 하나님께서 동행하셨다는 것입니다. 그러면 예수님께서 이러한 축복을 받으신 이유는 무엇일까요?

첫째, 자신을 낮추고 온전히 순복하셨습니다.

요한복음 1장 3절에 "만물이 그로 말미암아 지은 바 되었으니 지은 것이 하나도 그가 없이는 된 것이 없느니라" 말씀하신 대로 예수님께서는 창조주 하나님과 근본 하나이십니다. 그러나 하나님과 동등됨을 취할 것으로 여기지 않으셨습니다. 오히려 하나님의 뜻을 이루기 위해 종의 형체를 입고 이 땅에 오셔서 죄인들의 손에 의해 십자가에 못박혀 돌아가시기까지 자신을 낮추고 복종하셨습니다. 하나님께서는 이처럼 순복하시는 예수님에 대해 "이는 내 사랑하는 아들이요 내 기뻐하는 자라" 말씀하며(마 3:17), 모든 것을 예비하고 주관하여 조금도 부족됨이 없도록 역사하셨습니다.

둘째, 하나님의 뜻을 온전히 받들어 행하셨습니다.

베드로전서 2장 22~23절을 보면 "저는 죄를 범치 아니하시고 그 입에 궤사도 없으시며 욕을 받으시되 대신 욕하지 아니하시고 고난을 받으시되 위협하지 아니하시고 오직 공의로 심판하시는 자에게 부탁하시며" 말씀합니다. 또 빌립보서 2장 8절에는 '자기를 낮추시고 죽기까지 복종하셨다'고 했으니 예수님께서는 오직 하나님의 뜻대로만 행해 나가셨음을 알 수 있습니다.

셋째, 오직 말씀에 의지하여 행하셨습니다.

예수님께서는 마귀에게 시험을 당하실 때 오직 말씀에 의지하여 모두 통과하셨습니다(마 4:1~11). 마태복음 26장을 보면 대제사장들과 장로들에게서 파송된 큰 무리가 가룟 유다와 함께 예수님을 잡으러 오는 장면이 나옵니다. 이때 대제사장의 종 말고의 귀를 쳐서 떨어뜨린 베드로에게 예수님께서는 "너는 내가 내 아버지께 구하여 지금 열두 영 더 되는 천사를 보내시게 할 수 없는 줄로 아느냐 내가 만일 그렇게 하면 이런 일이 있으리라 한 성경이 어떻게 이루어지리요" 말씀하십니다. 또 예수님을 잡으러 온 무리에게 "이렇게 된 것은 다 선지자들의 글을 이루려 함이니라" 말씀하십니다.

어떤 상황에서도 오직 말씀에 의지하여 행함으로 하나님의 뜻을 완벽하게 이루어 가셨던 것입니다. 우리도 예수님처럼 하나님의 기뻐하시는 뜻을 좇아 행하면 항상 하나님께서 동행해 주십니다.

Part 3

응답은 여호와께로서

Answer is from God

"너희가 내 이름으로 무엇을 구하든지
내가 시행하리니
이는 아버지로 하여금 아들을 인하여
영광을 얻으시게 하려 함이라"
(요한복음 14:13)

Answer is from God

바라봄의 법칙

　야곱과 에서는 쌍둥이 형제였습니다. 형 에서는 사냥을 좋아했고, 동생 야곱은 집에서 어머니 돕기를 즐겨했습니다. 야곱은 어릴 때부터 꿈이 큰 사람이었습니다. 하루는 그가 죽을 쑤고 있는데 에서가 사냥하다 몹시 지쳐 돌아왔습니다. 에서가 배가 고파 죽을 좀 달라고 하자, 야곱은 장자의 명분을 자신에게 파는 조건으로 죽을 주겠다고 했습니다. 그러자 에서는 한순간의 만족을 위해 그것을 팔고 맙니다.

　세월이 흘러 아버지 이삭이 죽음을 앞두고 에서를 불렀습니다. 사냥한 짐승으로 별미를 만들어 가져오면 축복 기도를 해 주겠다고 했습니다. 그 말을 엿들은 이삭의 아내 리브가는 눈이 어두운 남편을 속이고 야곱을 들여보내 장자의 축복을 받게 합니다. 자신이 받을 축복을 동생 야곱이 가로챘다는 사실을 뒤늦게야 알게 된 에서는 그를 죽이기로 결심했습니다.

야곱은 눈물을 머금고 고향을 떠나 외삼촌 라반이 사는 하란으로 갔습니다. 그곳에서 외삼촌을 위해 열심히 봉사하고 이제는 고향으로 돌아가야겠다고 하자, 라반은 성실하고 지혜로운 야곱에게 좀 더 함께해 줄 것을 청하며 품삯을 정하게 합니다. 결국 야곱은 양 떼 중에서 아롱진 것, 점 있는 것, 검은 것과 염소 떼 중에서 점 있는 것, 아롱진 것이 태어나면 자신이 갖고, 아롱지지 않고 점 없는 것은 라반이 갖도록 제안했습니다. 확률적으로 훨씬 유리한 조건임을 아는 라반이 그 제안을 거절할 이유가 없었습니다.

그러면 야곱은 왜 이런 제안을 했을까요? 하나님께서는 자기 욕심과 이익만 따지는 라반과, 그럼에도 신실하게 봉사하는 야곱을 지켜보고 계셨습니다. 그래서 야곱에게 축복받을 수 있도록 지혜를 주신 것입니다. 야곱은 버드나무와 살구나무와 신풍나무의 푸른 가지를 취하여 군데군데 껍질을 벗겨 흰 무늬를 내고 그 가지를 개천의 물 구유에 세워 놓았습니다. 양 떼나 염소 떼는 물을 마시거나 새끼를 잉태할 때 자연히 얼룩얼룩한 가지를 보게 되었습니다. 놀랍게도 바라본 대로 점 있고 아롱진 새끼들이 많이 나왔습니다.

야곱은 양 떼 중에 실한 것들이 새끼를 잉태할 때만 그 가지를 두었기 때문에 실한 것은 야곱의 것이 되고 약한 것은 라반의 것이 되었습니다. 이것이 바라봄의 법칙입니다.

"믿음은 바라는 것들의 실상이요"(히 11:1)라고 말씀하신 대로 현재는 보이지 않아도 결과적으로 바라본 대로 이루어지는 것입니다.

여러분은 무엇을 바라보십니까? 하나님 자녀라면 영원한 천국을 바라보아야 합니다. 그래서 영혼이 잘되기 위해 기도하고, 하나님 말씀대로 행하며 마음의 악을 버리고 주님을 닮아갈 것을 바라보아야 하지요. 또한 사업터나 직장, 가정에서 하나님이 주시는 축복도 믿음의 눈으로 바라보아야 합니다. 자녀와 가족의 변화에 대해서도 오직 믿음의 눈으로 바라보면서 선과 진리를 좇아 행할 때 하나님께서 그 믿음대로 응답해 주십니다.

마음의 소원을 이루려면

요술 램프를 세 번 문지르면 거인이 나와 어떤 소원이든 세 가지를 들어 준다는 동화가 있습니다. 이는 사람이 지어낸 이야기에 불과하지만, 하나님 자녀인 우리에게는 실제로 그런 일이 가능합니다. 누구든지 하나님을 믿고 그 말씀대로 행하면 소원을 응답받을 수 있기 때문입니다. 그것도 딱 세 번만이 아니라 원하는 대로 이룰 수 있습니다. 과연 어떻게 해야 마음의 소원을 이루며 응답받는 신앙생활을 할 수 있을까요?

첫째로, 자신의 마음을 살펴보아야 합니다.

사람들 중에는 미신을 믿거나 자기 능력과 재능을 믿고 살다가 도저히 해결할 수 없는 문제를 만났을 때에야 하나님을 찾는 경우가 많습니다. 혹시 기도하면 해결될지도 모른다는 막연한 기대감을 갖거나,

'과연 응답될까?' 반신반의하는 경우도 흔합니다. 하나님은 중심을 보시는 분이므로 우리가 하나님께 소원을 응답받기 위해서는 먼저 자신의 마음을 점검해 보아야 합니다. 과연 하나님을 참으로 믿는지, 의심하거나 요행을 바라는 마음은 아닌지 스스로 살펴보아 오직 믿음으로 하나님 앞에 나올 때 응답받을 수 있습니다.

둘째로, 구원의 확신이 있는지 신앙상태를 점검해야 합니다.

예수님을 주로 시인하며 하나님께서 그를 죽은 자 가운데에서 살리신 것을 마음에 믿으면 하나님의 자녀 된 권세를 받고 구원의 확신이 옵니다(롬 10:10). 이렇게 구원의 확신이 있는 사람은 자연히 하나님의 뜻을 좇아 살아가므로 하나님께서 마음의 소원에 응답하십니다. 만일 구해도 응답이 없다면 자신에게 구원의 확신이 있는지 점검해 보아야 합니다. 또한 하나님 앞에 막힌 죄의 담은 없는지 신앙상태를 살펴보아야 합니다. 혹여 말씀대로 행하지 못한 것이 있다면 그것을 회개할 때 기도하는 것마다 응답받을 수 있습니다.

셋째로, 하나님을 기쁘시게 하는 행함이 있어야 합니다.

아이가 성장하면서 부모의 마음을 헤아려 기쁘게 하는 법을 알게 되듯이, 우리도 진리를 알고 깨우치는 만큼 하나님을 기쁘시게 할 수 있습니다. 시편 37편 4절에 "여호와를 기뻐하라 저가 네 마음의 소원을 이루어 주시리로다" 말씀합니다. 여호와를 기뻐하라는 것은 하나님이 주시는 참된 기쁨, 곧 영적인 기쁨을 누리라는 것인데, 그러려면 하나님을 기쁘시게 하면 됩니다.

하나님께서는 중심으로 드리는 예배와 기도, 선행과 구제, 예물, 복음 전하는 것, 찬양하는 것 등을 기뻐하십니다(시 51:19, 69:30~31 ; 행 10:4 ; 고후 9:7 ; 살전 2:4). 그리고 무엇보다 우리의 믿음을 기뻐하시지요(히 11:6). 우리가 온전한 믿음의 행함으로 하나님을 기쁘시게 하면 하나님께서는 소원을 마음에 품기만 해도 응답해 주십니다.

긍정적인 믿음의 고백

사람은 하루에도 수많은 말을 하며 살아갑니다. 따뜻한 말로 상대에게 새 힘을 주거나, 거친 말로 상처를 주기도 하고, 무심코 던진 말로 인해 곤경에 처하기도 합니다. 성경에는 믿음의 고백을 하여 응답받은 여러 선진이 나옵니다.

하나님께서는 이스라엘 백성에게 수차례 "젖과 꿀이 흐르는 가나안 땅을 너희에게 주리라" 약속하셨습니다. 이스라엘 백성은 가나안 땅을 눈앞에 두고 그곳을 탐지하기 위해 열두 사람을 보냈습니다. 이들 중 열 명의 정탐꾼들은 모두 부정적인 보고를 함으로 결국 광야에서 죽고 말았습니다. 그러나 여호수아와 갈렙은 전능하신 하나님을 믿었기에 담대히 긍정적인 고백을 함으로 가나안 땅에 들어갈 수 있었습니다(민 14:7~9, 30). 이처럼 정녕 믿음이 있는 사람은 환경을 탓하지 않고 하나님의 능력을 바라보며 항상 긍정적인 고백을 합니다. 그러면 입술의 고백이 왜 응답을 좌우하는 것일까요?

첫째로, 성령께서 믿음의 고백 속에 역사하시기 때문입니다.

우리 마음에 거하시는 성령님은 우리가 하나님을 찬양하고 기도하며 믿음의 고백을 할 때 기뻐하십니다. 이렇게 성령께서 기뻐하시는 일을 하면 성령의 능력을 체험할 수 있습니다. 우리가 예수 그리스도의 구속의 은혜에 항상 감사하며 믿음의 고백을 할 때 성령의 역사로 무엇이나 응답받게 되는 것입니다.

둘째로, 말은 자신을 변화시키기 때문입니다.

사람의 언어 중추 신경은 모든 신경을 지배한다고 합니다. 그래서 입으로 시인하는 대로 그의 인격이 변화되고 삶의 방향이 바뀌기도 하는 것입니다. 성경은 말(言)이 말(馬)의 입에 물린 재갈과 같고 배의 키와 같으며 숲을 태우는 작은 불씨와 같다고 말씀합니다(약 3:2~6).

달리는 말을 좌우로 움직이고 통제하는 것은 그 입에 물린 재갈입니다. 마찬가지로 인간의 운명 또한 입 안에 있는 작은 혀로 인하여 결정되기 때문에 우리가 입으로 하는 말을 달리는 말의 재갈에 비유한 것입니다. 잠언 18장 21절에 "죽고 사는 것이 혀의 권세에 달렸나니" 하신 것처럼, 말 한마디가 우리 삶에 얼마나 큰 영향을 미치는지 깨우쳐야 합니다.

하나님께서는 진리 가운데 함께하시는 분이므로 우리가 진리인 하나님 말씀을 명심하고 지켜 행하며 입으로 시인할 때 놀라운 역사를 베푸십니다(롬 10:8~10). 하지만 부정적인 말이나 원망과 탄식은 성령의 역사를 방해합니다. 그러므로 "안 될 것 같습니다.", "어렵습니다."라는 부정적인 고백을 하지 말고 "내게 능력 주시는 자 안에서 내가 모든 것을 할 수 있습니다."(빌 4:13)라고 긍정의 고백을 함으로 항상 하나님의 역사를 체험하시기 바랍니다.

여호와께 감사

남유다 왕국의 제4대 왕인 여호사밧은 하나님을 사랑한 인물입니다. 어느 날, 모압과 암몬이 연합하여 유다를 치러 오자, 그는 백성에게 금식을 선포하고 하나님께 기도하였습니다. 승리를 주시겠다는 하나님의 응답을 받은 후 그는 백성과 함께 기뻐하며 하나님을 찬송하였습니다. 다음 날, 그는 노래하는 사람을 택하여 거룩한 예복을 입히고 군대 앞에 세워 하나님을 찬송하게 했습니다.

이렇게 위급한 상황에서 믿음을 내보이는 그들을 보고 하나님께서 역사하시니 적군끼리 싸움이 붙어 자멸합니다. 적진에 가 보니 재물과 의복과 보물이 어찌나 많았던지 며칠 동안 옮겨야 할 정도였습니다.

우리도 여호사밧처럼 어려움이 닥쳤을 때 기뻐하고 감사하며 하나님을 의지하면 시험이 물러가고 오히려 축복이 임합니다. 그러면 왜 우리는 하나님께 감사해야 하는 것일까요?

첫째로, 불가능을 가능으로 축복해 주시기 때문입니다.

절망적인 상황에 놓였을 때 벗어나는 길은 무엇보다 하나님께 감사하는 것입니다. 감사는 하나님의 위대한 능력을 끌어내리는 열쇠이기 때문입니다. 바울과 실라는 복음을 전하다가 매를 맞고 감옥에 갇혔을 때 원망 불평한 것이 아닙니다. 오히려 감사함으로 하나님을 찬양하니 홀연히 큰 지진이 나서 옥터가 움직이고 감옥 문이 열리며 그들을 묶고 있던 쇠사슬이 벗겨지는 기적이 일어났습니다(행 16장).

원수 마귀 사단은 우는 사자와 같이 두루 삼킬 자를 찾아다니며 우리로 하여금 원망 불평하게 만듭니다. 그러나 우리가 불가능이 없으신 하나님을 믿고 감사할 때 하나님께서는 모든 일을 형통하게 인도하십니다.

둘째로, 범사에 감사하는 것이 하나님 뜻이기 때문입니다.

에베소서 5장 20절에 "범사에 우리 주 예수 그리스도의 이름으로 항상 아버지 하나님께 감사하며" 말씀했습니다. 그러니 우리는 하나님께 감사하되 범사에 감사해야 합니다. 범사란 좋은 일만이 아니라 궂은 일도 포함합니다. 우리가 궂은 일에도 감사할 수 있는 것은 좋으신 하나님께서 영원히 우리와 함께하실 것을 믿기 때문입니다. 또한 합력하여 선을 이루시는 하나님을 믿기에 어떤 상황에서도 감사할 수 있습니다(롬 8:28).

셋째로, 영원한 천국 소망을 주셨기 때문입니다.

예수 그리스도를 믿는 사람은 하나님께서 주신 천국에 대한 소망이 있기에 어떠한 상황에서도 기뻐하고 감사할 수 있습니다. 죄악으로 가득한 이 땅의 삶이 끝나면 눈물, 슬픔, 고통, 사망이 없는 아름다운 천국에서 영원히 살 것을 약속받았으니 얼마나 기쁘고 감사합니까.

넷째로, 하나님께서 항상 함께하시기 때문입니다.

햇볕이나 비는 모든 사람에게 공평하게 주시는 하나님의 은총이지만 사고와 위험으로부터 지켜 주시는 것은 하나님 자녀에게만 베푸시는 특별한 은총입니다. 하나님께서는 사랑하는 자녀가 곁길로 가면 돌이키도록 깨우쳐 주십니다. 그래도 돌이키지 않으면 징계하시기도 하지만, 그 또한 생명의 길로 인도하시고자 하는 하나님의 사랑이니 감사할 수 있습니다. 감사는 하나님의 뜻이며 불가능을 가능으로 변화시키는 기적의 열쇠이고 축복받는 지름길임을 알아 범사에 감사하시기 바랍니다.

여호와를 앙망하는 사람

인생을 살다보면 승승장구하던 사람이 어느 순간 고난을 만날 때가 있습니다. 도무지 해결하기 어려운 문제로 낙심하여 주저앉기도 합니다. 이런 경우 새 힘을 얻는 방법이 성경에 잘 나와 있습니다.

이사야 40장 31절에 "오직 여호와를 앙망하는 자는 새 힘을 얻으리니 독수리의 날개 치며 올라감 같을 것이요 달음박질하여도 곤비치 아니하겠고 걸어가도 피곤치 아니하리로다" 했습니다. 오직 여호와를 앙망하는 사람이 되면 하나님께서 홀로 두지 않으시고 반드시 힘과 능력을 주시므로 어떤 어려운 문제라도 능히 해결할 수 있습니다. 그러면 여호와를 앙망하는 사람의 특징을 살펴보겠습니다.

첫째로, 하나님 말씀을 가까이합니다.

하나님을 앙망한다는 것은 살아 계신 하나님 만나기를 간절히 원하고 바란다는 의미입니다. 따라서 하나님을 앙망하는 사람은 자연히 하나님 말씀을 즐겨 읽고 들으며 마음에 새겨 행합니다. 하나님 말씀 안에는 하나님의 마음과 뜻이 담겨 있기 때문에 그 모든 말씀을 지켜 행하는 것입니다. 그런 사람은 시냇가에 심은 나무가 시절을 좇아 과실을 맺으며 그 잎사귀가 마르지 않는 것같이 만사가 형통합니다.

둘째로, 기도로 하나님과 교통합니다.

믿음의 선진들은 한결같이 기도로 하나님과 교통하였습니다. 아브라함은 가는 곳마다 단을 쌓고 기도했기에 항상 형통한 삶을 영위할 수 있었습니다. 다니엘은 기도하는 것을 생명보다 더 귀하게 여겼기에 놀라운 환상을 보며 계시를 받았습니다(단 7~12장). 엘리야는 기도로 3년 6개월 동안의 극심한 가뭄 중에 비의 응답을 받았습니다(왕상 18장). 이처럼 우리가 쉬지 않고 부르짖어 기도한다면 하나님과 깊은 교통을 이루며 위로부터 힘과 능력을 공급받습니다.

셋째로, 모든 것을 하나님께 맡깁니다.

하나님은 성령을 통해 음성을 들려 주시고 여러 방법으로 나아갈 길을 보여 주십니다. 그런데도 자기 뜻대로 행한다면 성령의 역사를 체험할 수 없습니다. 잠언 16장 3절에 "너의 행사를 여호와께 맡기라 그리하면 너의 경영하는 것이 이루리라" 하셨으니 모든 삶을 하나님께 맡길 수 있어야 합니다. 어떤 어려움 앞에 놓였다 해도 염려하지 말고 오직 하나님께 맡기고 기도할 때 그분의 놀라운 손길을 체험하게 됩니다 (빌 4:6).

넷째로, 모든 일에 성실합니다.

성실하다는 것은 거짓이 없는 참된 마음으로 주어진 모든 분야에서 최선을 다하는 것을 뜻합니다. 무슨 일이든지 자신의 일처럼, 누가 보든 보지 않든 정성을 다해 이루어 가는 것입니다. 다니엘이나 요셉은 어떤 상황에 놓여 있든지 성실하였고, 오직 정도를 좇으니 결국 하나님께서 만인의 칭송을 받는 자리에 올려 주셨습니다.

이처럼 하나님을 앙망하는 사람은 어떤 일을 만난다 해도 낙심치 않고 모든 것을 하나님께 의뢰하며 성실히 행하니 시험 환난이 와도 하나님의 능력으로 승리합니다.

참된 구제

샘물은 퍼낼수록 맑은 물이 솟듯이 재물이나 지식, 기술 등 내게 있는 것을 사랑으로 베풀면 그 이상으로 돌아옵니다. 하나님께서는 고아나 과부를 긍휼히 여기고 돌아보기를 원하십니다(출 22:22 ; 신 14:29 ; 약 1:27). 이웃에게 사랑을 베푸는 자녀들을 기뻐하셔서 영육 간에 복을 주실 뿐만 아니라 하늘나라에서도 큰 상급으로 갚아 주십니다.

그러면 하나님께서는 어떻게 구제하기를 원하실까요?

요한일서 3장 18절에 '행함과 진실함으로 하자' 말씀하십니다. 예수님도 "오른손의 하는 것을 왼손이 모르게 하여 네 구제함이 은밀하게 하라"(마 6:3~4)고 하셨으니, 마음 중심에서 겸손한 자세로 구제해야 합니다. 구제는 생활의 여유가 있어야만 하는 것이 아닙니다. 콩 한쪽도 나눠 먹으라는 옛말처럼, 작은 것이라도 이웃을 사랑하는 마음으로 베푸는 것입니다.

그런데 간혹 구제하지 말아야 할 사람을 구제하여 어려움을 겪는 경우가 있습니다. 건강하여 얼마든지 자립할 수 있는데도 일하지 않고 빈둥빈둥 노는 사람에게는 구제하지 말아야 합니다(살후 3:10). 이들에게 도움을 주면 오히려 자립을 방해하기 때문입니다. 또한 죄를 지어 시험 환난 중에 놓인 사람은 돕지 말아야 합니다. 하나님 뜻은 그가 죄를 깨닫고 돌이켜서 올바른 신앙생활을 하는 것이므로, 만일 그를 돕는다면 함께 어려움을 겪습니다.

따라서 우리가 구제할 때는 믿음의 형제 가운데 불의의 사고나 질병 등으로 자립할 수 없는 사람, 생활 능력이 없는 고아나 과부, 소년 소녀 가장 등을 우선으로 해야 합니다. 이렇게 하나님의 뜻 가운데 사랑으로 구제할 때 모든 것을 감찰하시는 하나님께서 축복해 주십니다.

일천번제의 정성

‘지성이면 감천’이라는 말이 있습니다. 지극한 정성을 들이면 하늘이 감동한다는 뜻으로, 무엇이든 정성을 다하면 좋은 결과를 맺는다는 말입니다. 성경에는 하나님과 주변 사람을 감동시키는 정성으로 하나님의 역사를 체험한 이들이 많습니다.

솔로몬은 다윗의 뒤를 이어 이스라엘을 통치한 왕입니다. 하나님을 사랑했던 솔로몬은 왕위에 오르자 일천번제를 정성껏 드렸습니다.

번제란, 구약 시대의 가장 보편적인 제사법으로서 제물로 가져온 짐승을 제단 위에 올려서 전부 불태워 드리는 것입니다. 이 제사는 생명 자체를 드리는 것을 의미하며, 하나님께서 사람에게 명하신 모든 규례를 지키는 것을 뜻합니다. 창조주 하나님께 대한 우리의 온전한 희생과 헌신, 자발적인 봉사를 상징하는 것입니다.

솔로몬이 정성을 다해 일천번제를 드리자, 하나님께서 얼마나 기뻐하셨는지 꿈에 "내가 네게 무엇을 줄꼬 너는 구하라"고 말씀하셨습니다. 이에 솔로몬은 부나 명예를 구한 것이 아니라 백성을 잘 다스리기 위한 지혜를 구합니다. 왕으로서 자신에게 가장 필요한 것이 지혜임을 알았기 때문입니다.

하나님께서는 이러한 솔로몬을 기뻐하시고 지혜뿐 아니라 부와 재물과 존영까지 주셨습니다. 우리도 하나님 앞에 정성을 다한 예배와 예물을 드리고, 자기 유익을 좇지 않으며 하나님을 기쁘시게 할 때 솔로몬과 같이 큰 축복을 받을 수 있습니다.

응답받지 못하는 이유

하나님의 자녀들은 범사에 하나님께 영광 돌리는 삶을 살아야 합니다(고전 10:31). 그런데 신앙생활을 잘하는 것처럼 보이지만 이러한 삶과 거리가 먼 사람도 있습니다. 기도해도 축복과 응답을 받지 못하는 것입니다. 외모를 보는 사람과 달리 하나님께서는 마음을 감찰하고 응답하시기 때문입니다(잠 16:2). 그러면 응답받지 못하는 이유는 무엇일까요?

첫째, 어떤 문제에 부딪히면 불평불만 하기 때문입니다.

평소에는 하나님 말씀대로 잘 지켜 행하지만 자기 생각에 맞지 않는 일이 생기면 감정적인 말이 나오는 사람이 있습니다. 이는 마음이 진리로 변화되지 못했다는 증거입니다. 마태복음 12장 35절에 "선한 사람은 그 쌓은 선에서 선한 것을 내고 악한 사람은 그 쌓은 악에서 악한 것을 내느니라" 하신 대로 말은 우리 마음에서 비롯되므로 선한 마음이 되도록 부지런히 기도해야 합니다.

우리가 입술로 불평불만 하면 그것이 부메랑처럼 자신한테 돌아와 어려움을 겪게 됩니다. 자신이 불평불만 했으면서도 시간이 지나면 대부분 잊어버리기 때문에 왜 어려움이 왔는지조차 깨닫지 못하는 경우가 많습니다. 그러므로 말에 주의하며 항상 선한 말, 진리의 말을 해야겠습니다.

둘째, 말씀대로 살지 못하는 사람을 판단 정죄하기 때문입니다.

비록 불평불만 하지 않았다 해도 자신보다 부족해 보이거나 이해할 수 없는 상대를 만났을 때 판단 정죄하기 때문에 응답받지 못하는 경우가 생깁니다. 자신이 하나님 말씀대로 잘 지켜 행한다고 해서 그렇지 못한 사람을 힘들게 하거나 판단 정죄하는 일은 없어야 합니다. 야고보서 4장 11절에 "형제들아 피차에 비방하지 말라 형제를 비방하는 자나 형제를 판단하는 자는 곧 율법을 비방하고 율법을 판단하는 것이라" 하셨기 때문입니다.

셋째, 자기 생각에 맞지 않으면 쉽게 분내고 원수를 맺기 때문입니다.

어떤 사람은 자기 생각과 맞지 않는 일을 만나면 얼굴이 굳어지고, 그러다가 한계 상황에 이르면 언성을 높이며 화를 냅니다. 더 심한 경우 상대를 미워하며 아예 원수를 맺기도 합니다. 마태복음 5장 39~40

절에 "누구든지 네 오른편 뺨을 치거든 왼편도 돌려 대며 또 너를 송사하여 속옷을 가지고자 하는 자에게 겉옷까지도 가지게 하며"라고 하셨으니 모든 사람을 사랑과 긍휼로 용서해야 합니다.

이러한 것을 깨우쳐 자신의 부족한 모습을 발견하고 돌이켰는데도 아직 응답이 없다면 하나님께서 우리에게 믿음과 선행을 더 쌓을 수 있도록 시간을 주시는 것입니다. 그러니 기뻐하고 감사하며 변함없이 믿음으로 행할 때 하나님께서는 반드시 건강, 물질, 명예 등 구하는 것마다 넘치도록 주십니다.

말씀에 의지하여 순종하면

예수님께서 게네사렛 호숫가에 이르셨을 때입니다. 그곳에는 두 척의 빈 배가 있었고 어부들은 배에서 나와 그물을 씻고 있었습니다. 예수님께서는 시몬 베드로의 배에 올라 무리에게 하나님 말씀을 가르치셨습니다. 그러고는 베드로에게 복을 주고자 "깊은 데로 가서 그물을 내려 고기를 잡으라" 말씀하셨습니다.

베드로는 어부로서 고기잡는 법에 관해 누구보다도 잘 알았고, 이미 밤새 수고했으나 한 마리도 잡지 못했기에 다시 그물을 내리기란 쉬운 일이 아니었습니다. 그러나 그가 예수님 말씀에 의지하여 깊은 데로 가서 그물을 내렸더니 그물이 찢어질 정도로 고기가 많이 잡혔습니다. 이는 베드로가 예수님의 말씀에 순종했기 때문에 체험한 일입니다.

우리도 베드로처럼 말씀에 의지하여 순종하면 놀라운 축복이 임하게 되는데 과연 어떠한 축복을 받는지 살펴보겠습니다.

첫째로, 화평을 이룰 수 있습니다.

화평이 깨지는 주된 이유는 서로 자기 유익을 구하기 때문입니다. 자신의 생각, 의견을 고집하다 보면 사사건건 부딪치는 일이 생깁니다. 그러나 진리인 하나님 말씀에 순종하는 사람은 자신의 유익을 구하기보다는 상대를 배려하고 섬기기 때문에 주변 사람과 화평할 수 있습니다. 우리가 항상 하나님 말씀대로 살아가는 진리의 사람이 되면 하나님과는 물론, 모든 사람과도 화평을 이루며 평안하고 행복한 삶을 영위할 수 있습니다.

둘째로, 질병의 문제가 해결됩니다.

성경은 질병의 원인이 죄에 있음을 말씀합니다(신 28장). 하나님 자녀가 하나님 말씀을 지켜 행하지 않는 것이 곧 죄입니다. 죄를 범하면 하나님이 지켜 주실 수 없으니 질병이 틈타는 것입니다. 그리고 하나님 보시기에 의를 행하고 모든 규례를 지키면 모든 질병의 하나도 내리지 않는다고 말씀하셨습니다(출 15:26). 이처럼 하나님 말씀 안에 온전히 거하면 하나님께서 지켜 주시므로 어떤 질병도 틈타지 않고, 설령 질병에 걸렸다 해도 회개하여 하나님과의 사이에 막힌 죄의 담을 헐면 치료의 역사를 체험하게 됩니다.

셋째로, 물질의 문제가 해결됩니다.

아브라함은 하나님께서 "내가 네게 지시할 땅으로 가라" 명하실 때 즉시 순종하여 떠났습니다(창 12장). 또 백 세에 얻은 아들 이삭을 번제로 드리라 하실 때도 하나님께서 다시 살리실 것을 믿고 순종했습니다(히 11:17~19). 이러한 아브라함에게 하나님께서는 영적인 축복뿐 아니라 이 땅에서도 부와 명예, 권세 등을 마음껏 누릴 수 있도록 축복하셨습니다. 그러므로 누구나 믿음을 가지고 하나님 말씀에 의지하여 행하면 믿음의 조상 아브라함이 받았던 모든 복을 받을 수 있습니다(갈 3:9).

Part 4

치료하시는 여호와

God the Healer

질병의 원인과 치료 | 연약한 것의 치료 | 주여 저를 도우소서
죄의 담을 헐라 | 입술 고백의 중요성 | 겉옷을 내어 버리라
참된 평안을 누리려면 | 스트레스를 이기려면 | 응답에 대한 영계의 법칙

"너희가 너희 하나님 나 여호와의 말을 청종하고
나의 보기에 의를 행하며 내 계명에 귀를 기울이며 내 모든 규례를 지키면
내가 애굽 사람에게 내린 모든 질병의 하나도
너희에게 내리지 아니하리니
나는 너희를 치료하는 여호와임이니라"
(출애굽기 15:26)

God the Healer

질병의 원인과 치료

건강을 위해 식이요법, 운동 등에 물질과 시간을 투자하는 사람이 많습니다. 물론 그러한 것은 우리에게 여러 모로 유익을 줍니다. 그러나 사람이 아무리 노력해도 질병으로부터 온전히 자유로울 수는 없으며, 그런 노력에도 불구하고 불치병에 걸려 속수무책으로 죽음을 기다리는 경우도 많습니다. 성경에는 모든 질병의 원인과 치료 방법, 건강의 비결이 들어 있습니다. 과연 질병의 원인은 무엇이며 어떻게 하면 치료받을 수 있을까요?

첫째로, 질병이 오는 가장 큰 이유는 죄의 문제입니다.

하나님께서는 우리가 하나님 말씀을 청종하고 하나님 보시기에 의를 행하며 모든 계명을 지키면 어떤 질병도 내리지 않겠다고 약속하셨습니다(출 15:26). 또한 예수님께서는 중풍병자를 고쳐 주실 때 "네 죄

사함을 받았느니라"(막 2:5) 말씀하셨습니다. 즉 하나님 말씀을 지켜 행하지 않는 것이 죄이며, 질병의 원인이 바로 죄에 있음을 알 수 있습니다. 따라서 죄의 담을 발견하여 헐어 버릴 때 모든 질병을 치료받을 수 있는 것입니다.

둘째로, 사람이 생각하기에는 죄가 아닌 것 같아도 하나님 보시기에는 죄이기 때문에 질병이 오는 경우가 있습니다.

어떤 사람은 죄가 없는데도 병이 왔다고 합니다. 과연 그럴까요? 예를 들어, 과식으로 질병이 왔다면 이는 욕심으로 인해 절제하지 못한 결과이니 죄에 속합니다. 불규칙적인 식사를 하거나 과로하여 병이 생겼다면 이 역시 무절제하며 진리대로 행치 않은 결과입니다. 하나님이 주신 질서를 좇지 않은 것이니 죄가 됩니다.

셋째로, 신경성이나 정신적인 문제로 인한 질병이 있습니다.

하나님 말씀대로 이해하고 용서하고 사랑하면 나쁜 감정이 일어나지 않습니다. 미움이나 혈기가 나지 않으니 신경이 자극될 일이 없습니다. 그러나 마음에 악이 있어 진리의 말씀대로 살지 않는 사람은 이런저런 일로 감정이 나고 신경이 자극되어 각종 신경성 질환이나 정신 질환이 생깁니다.

어떤 사람은 선한 것 같은데도 이러한 질병으로 고통받는데, 그 이유는 하나님이 보시기에는 선하지 않기 때문입니다. 겉으로는 화를 내지 않지만 속에 온갖 서운한 감정, 미움, 원망 등을 쌓아 놓은 경우입니다. 하나님께서 원하시는 선의 마음을 소유하여 용서하고 사랑할 때 몸도 마음도 강건해집니다.

넷째로, 원수 마귀 사단으로부터 질병이 오는 경우가 있습니다.

하나님께서 싫어하시는 우상을 섬기면 그 죄가 삼사 대까지 이르고 (출 20:5), 죄의 대가로 원수 마귀 사단이 시험 환난을 가져다줍니다. 그래서 우상을 섬기는 가정에는 병든 사람이나 신체장애자, 귀신 들린 사람이 많이 나오는 것입니다. 부모나 조상의 죄가 그 후손에게까지 영향을 미치는 것입니다. 그러나 부모가 우상을 섬겼을지라도 자녀의 마음이 선하여 하나님을 섬긴다면 하나님께서는 그를 보호하며 사랑과 은혜를 베풀어 주십니다.

그런데 우상과 상관이 없고 교회에 다니는데도 귀신 들리거나 악한 영의 역사를 받는 경우가 있습니다. 이는 '믿는다' 하면서도 심히 악을 행하여 어느 한계선을 넘는 경우입니다. 하지만 이러한 경우라도 하나님 앞에 철저히 회개하면 온전케 해 주십니다.

다섯째로, 아이가 잉태될 때 문제가 있는 경우가 있습니다.

특별한 죄가 없는데도 잉태할 때 결함이 있는 정자와 난자가 결합하여 기형아나 병약한 아이가 태어날 수 있습니다. 하지만 대다수의 질병이나 선천성 장애는 자신이나 부모, 조상이 심한 우상 숭배를 하거나 죄를 많이 쌓았기 때문에 생깁니다. 그러므로 치료받기 위해서는 죄의 문제를 해결하는 것이 우선임을 알아 이를 해결함으로 영육 간에 강건한 삶을 영위하시기 바랍니다.

연약한 것의 치료

하나님께서는 사랑하는 자녀들이 병들어 고통당하기를 원치 않으십니다. 그래서 독생자 예수님을 희생하심으로 건강한 삶을 영위할 수 있는 길을 열어 주셨습니다. 예수님께서 피 흘리심으로 우리의 모든 죄를 대속하고, 채찍에 맞음으로 우리의 모든 질병과 연약함을 담당해 주신 것입니다(사 53:5 ; 벧전 2:24). 그러므로 누구든지 이 사실을 믿으면 질병 치료뿐 아니라 어떤 연약함도 온전케 될 수 있습니다.

여기서 연약함이란, 사람의 능력이나 방법으로는 도저히 고칠 수 없는 경우입니다. 몸이 약하거나 가벼운 질병이 있다는 의미가 아닙니다.

언어장애, 청각장애, 시각장애, 앉은뱅이, 소아마비 등 신체의 어떤 기관이 잘못되어 그 기능이 마비되거나 퇴화하여 정상적인 활동이 불가능한 신체 이상 증세를 말합니다. 우리가 죄를 회개하고 예수 그리스도를 영접하여 성령을 받을 때 갖가지 질병들이 치료되는 경우가 있습니다. 또한 신앙생활을 하다가 하나님 말씀대로 살지 못하여 중한 병에 걸린 경우, 죄를 회개하고 돌이키면 하나님께서 치료해 주십니다.

그런데 연약함은 하나님의 권능으로만 치료될 수 있습니다. 모세나 엘리야와 같이 하나님의 사랑을 받은 구약 시대의 선지자나 신약 시대의 사도인 베드로, 바울 등은 하나님께 권능을 받았기 때문에 연약한 것을 고칠 수 있었습니다. 이러한 권능을 받기 위해서는 성결을 이루고 무수한 기도를 쌓아야 합니다. 또한 치료받고자 하는 사람 편에서도 반드시 예수 그리스도를 믿는 믿음이 있어야 합니다.

사도행전 3장을 보면 성전 미문에 앉아 구걸하던 앉은뱅이를 베드로가 나사렛 예수 그리스도의 이름으로 일으키자 곧 일어나 걸었던 장면이 나옵니다. 그 사람은 비록 구걸하는 처지일망정 예수 그리스도를 믿었기에 놀라운 권능을 체험할 수 있었습니다. 우리도 마음 중심에서 예수 그리스도를 믿으면 놀라운 치료의 역사를 체험할 수 있습니다.

주여 저를 도우소서

자존심 때문에 망하는 사람이 있는가 하면, 자존심을 버림으로 전화위복의 결과를 얻는 사람도 있습니다. 자존심이 있으면 이웃에게 먼저 손을 내밀지 못하고, 심지어 상대가 먼저 내미는 손마저 뿌리쳐 버립니다. 아주 사소한 일이 자존심 때문에 눈덩이처럼 커져서, 친한 사이에 금이 가고 평생 원수가 되기도 합니다.

이처럼 자존심은 우리에게 아무런 유익이 없습니다. 성경의 인물 중에 자존심을 내세우지 않음으로 응답받은 여인이 있습니다.

예수님께서 수로보니게 지방에 가셨을 때 귀신 들린 딸을 둔 한 여인이 예수님 앞에 나아와 "주 다윗의 자손이여 나를 불쌍히 여기소서 내 딸이 흉악히 귀신 들렸나이다 … 주여 저를 도우소서" 하며 계속하여 간청합니다. 그러나 예수님께서는 "자녀의 떡을 취하여 개들에게 던

짐이 마땅치 아니하니라” 말씀하십니다. 즉 이스라엘 백성들은 자녀에 비유하시고, 이방인인 그 여인은 개에 비유하신 것입니다.

예수님께서는 왜 이러한 말씀을 하신 것일까요? 보통 사람은 자신을 개처럼 취급하는 말을 들으면 매우 불쾌하게 여기며 돌아갈 수도 있습니다. 이런 상황에서 과연 여인의 믿음이 어떠한지 시험하고자 하신 말씀입니다.

여인은 예수님의 말씀에 실망하거나 포기하지 않았고 자존심 상해하지도 않았습니다. 오히려 “주여 옳소이다마는 개들도 제 주인의 상에서 떨어지는 부스러기를 먹나이다”라고 대답합니다. 얼마나 겸손한 고백입니까.

중심에서 우러나오는 여인의 고백에 감동을 받으신 예수님께서는 “여자야 네 믿음이 크도다 네 소원대로 되리라” 하고 응답하십니다. 여인이 예수님 앞에 자신을 철저히 낮추며 변함없는 믿음으로 구하니, 절실했던 딸의 문제를 완전히 해결받을 수 있었던 것입니다(마 15:22~28). 이처럼 하나님께서는 자존심을 버리고 겸손한 마음을 가진 사람의 기도에 응답해 주십니다.

죄의 담을 헐라

하나님 앞에 나오는 사람 중에는 선한 양심을 좇아 나오는 경우도 있고, 질병이나 인생의 갖가지 문제를 해결받기 위해 오는 경우도 있습니다. 인생의 문제와 질병으로 고통받는 사람이 이를 해결받기 원한다면 먼저 예수 그리스도를 영접하고 죄 사함을 받아야 합니다. 이사야 59장 2절에 "너희 죄악이 너희와 너희 하나님 사이를 내었고" 말씀하셨으니 하나님과의 사이에 막힌 죄의 담을 헐어야 하는 것입니다. 그러면 어떠한 죄의 담을 헐어야 문제를 해결받을 수 있을까요?

첫째, 하나님을 믿지 않고 예수 그리스도를 영접지 않은 것을 회개해야 합니다.

요한복음 16장 9절에 "죄에 대하여라 함은 저희가 나를 믿지 아니함이요" 말씀하셨기 때문입니다. 우리가 겸손히 창조주 하나님을 인정하고, 우리 죄를 사해 주시기 위해 십자가에 못 박혀 돌아가신 예수님을 구세주로 영접할 때 구원의 축복은 물론, 모든 인생의 문제를 해결받을 수 있습니다.

둘째, 형제를 사랑하지 못한 것을 회개해야 합니다.

성경은 하나님의 자녀가 서로 사랑하는 것이 마땅하다고 하셨을 뿐 아니라 원수까지도 사랑하라 하셨습니다. 하물며 사랑하기는커녕 형제를 미워한다면 이는 하나님 말씀을 위배하는 것이니 죄의 담이 됩니다.

셋째, 욕심으로 기도했다면 회개해야 합니다.

야고보서 4장 2~3절에 "너희가 얻지 못함은 구하지 아니함이요 구하여도 받지 못함은 정욕으로 쓰려고 잘못 구함이니라" 말씀합니다. 하나님께서는 자기 욕심을 위해 기도하거나 정욕으로 쓰려고 구하는 것을 기뻐하시지 않습니다. 자녀가 나쁜 일에 쓰려고 용돈을 달라 하면 줄 수 없는 것과 같이 하나님께서도 이런 기도에는 응답하시지 않습니다.

넷째, 의심하며 기도했다면 회개해야 합니다.

성경을 보면 '의심하는 자는 주께 얻기를 생각하지 말라' 했습니다(약 1:6~7). 의심을 품고 기도하는 것은 전능자 하나님을 믿지 못한다는 증거입니다. 그러니 이를 회개하여 참된 믿음을 갖기 위해 기도해야 합니다.

다섯째, 계명을 지키지 않은 것을 회개해야 합니다.

하나님 말씀에 비추어 보아 아무 잘못이 없다면 하나님 앞에 담대히 구할 수 있으며, 하나님께서는 이러한 사람에게 응답하십니다(요일 3:21~22). 그러므로 응답받고자 한다면 성경 66권 말씀의 요약인 십계명에 비추어 자신의 삶을 돌아보고, 혹 위배된 것이 있다면 돌이켜 계명들을 지켜야 합니다.

여섯째, 하나님 앞에 심지 않은 것을 회개해야 합니다.

하나님은 심은 대로 거두게 하시는 분입니다. 하나님 앞에 기도로 심으면 영혼이 잘되고, 봉사와 충성으로 심으면 몸이 강건해지며, 물질로 심으면 물질의 축복을 받습니다. 그러니 혹여 심지 않고 응답받으려 했다면 회개하고 기쁨으로 심어야 합니다. 이처럼 무엇보다도 죄의 담을 헐고 말씀대로 지켜 행할 때 하나님께서 기뻐하시고 응답해 주십니다.

입술 고백의 중요성

매사에 긍정적인 말과 믿음의 고백으로 하나님의 응답과 축복을 받는 사람이 있습니다. 그런데 어떤 사람은 하나님 앞에 충성하며 열심히 기도하는데도 부정적인 말로 인해 응답받지 못하기도 합니다. 마태복음 8장을 보면 예수님께서는 백부장의 고백을 들으시고 그의 믿음을 크게 칭찬하며 응답해 주십니다. 그가 어떠한 고백을 하였기에 예수님께 칭찬받고 응답받을 수 있었을까요?

예수님께서 사역하실 당시 이스라엘은 로마의 지배를 받았으며, 로마 군인들이 이스라엘 곳곳에 주둔해 있었습니다. 이러한 시대적 상황에서 이스라엘에 파견된 로마의 백부장이 피지배국의 누군가를 찾아가 도움을 간청한다는 것은 쉽지 않은 일입니다. 그런데도 백부장은 마음이 선했기에 자신의 체면을 내세우지 않고 겸손히 예수님 앞에 나아가 "주여 내 하인이 중풍병으로 집에 누워 몹시 괴로워하나이다" 하며 하인의 병을 고쳐 달라고 구합니다. 그의 선한 마음을 보신 예수님께서는 선뜻 "내가 가서 고쳐 주리라" 말씀하셨습니다.

그런데 백부장은 "다만 말씀으로만 하옵소서 그러면 내 하인이 낫겠삽나이다" 하며 의외의 답변을 합니다. 즉 예수님께서 하인에게 직접 가지 않고 단지 그 자리에서 말씀만 하셔도 나을 것이라는 믿음을 고백한 것입니다. 그가 이러한 고백을 할 수 있었던 까닭은 예수님이 하나님의 아들이심을 분명히 믿었기 때문입니다. 이에 예수님께서는 "이스라엘 중 아무에게서도 이만한 믿음을 만나보지 못하였노라" 하고 칭찬하며 "가라 네 믿은 대로 될지어다"라고 축복하셨습니다. 그러자 그 시로 하인이 치료되었습니다(마 8:13).

성경은 입술의 말이 얼마나 중요한지를 강조합니다.

시편 34편 12~13절에 "생명을 사모하고 장수하여 복 받기를 원하는 사람이 누구뇨 네 혀를 악에서 금하며 네 입술을 궤사한 말에서 금할지어다" 말씀하였고, 잠언 13장 2절에는 "사람은 입의 열매로 인하여 복록을 누리거니와" 하여 말로 인해 축복을 받기도 하고 어려움을 겪기도 한다는 것을 깨우쳐 주고 있습니다.

또한 로마서 10장 10절에 "사람이 마음으로 믿어 의에 이르고 입으로 시인하여 구원에 이르느니라" 하였고, 마태복음 10장 32절에서 예수님은 "누구든지 사람 앞에서 나를 시인하면 나도 하늘에 계신 내 아버지 앞에서 저를 시인할 것이요" 하며 신앙에는 반드시 믿음의 고백이 따름을 말씀했습니다. 그러므로 항상 진실하고 믿음 있는 고백을 함으로 응답과 축복이 넘치는 삶을 영위하시기 바랍니다.

겉옷을 내어 버리라

우리는 살면서 크고 작은 많은 문제를 만납니다. 그중에는 사람의 능력으로는 해결할 수 없는 것도 있습니다. 그러나 누구든지 주님 앞에 나오면 어떠한 문제라도 해결받을 수 있습니다. 마가복음 10장에 나오는 바디매오는 거지인 데다 앞을 볼 수 없었습니다. 눈을 뜰 수 있다면 거지 신세를 면할 수 있을 텐데 그럴 수 없으니 얼마나 절망적이었겠습니까. 바디매오는 눈을 떠서 세상을 보는 것이 소원이었습니다. 그런 그가 어느 날 예수님을 만나 소원을 이루었습니다. 바디매오가 마음의 소원을 응답받은 이유는 무엇일까요?

첫째로, 선한 마음을 가졌기 때문입니다.

바디매오는 볼 수는 없었으나 놀라운 소문을 들었습니다. 예수님이 병든 자를 치료하고 많은 기사와 표적을 베푸신다는 것입니다. 바디매오는 예수님을 만나기만 하면 자신의 문제도 해결될 수 있다는 믿음이 생겨 마음이 뜨거워졌습니다. 마음이 선했기에 복음을 들었을 때에 믿을 수 있었던 것입니다.

둘째로, 부르짖어 구했기 때문입니다.

바디매오는 예수님께서 여리고에 오신다는 소식을 듣고 만나기를 원했습니다. 마침내 고대하던 순간이 왔습니다. 주위에서 웅성거리는 소리를 들으니 예수님께서 자기가 앉아 있는 길 가까이 계심을 알 수 있었지요. 그는 힘을 다해 "다윗의 자손 예수여! 나를 불쌍히 여기소서!" 하고 소리쳤습니다. 사람들은 그를 꾸짖으며 "잠잠하라"고 했지만, 바디매오는 굴하지 않고 더욱 큰 소리로 부르짖어 응답을 받았습니다(막 10:46~52). 이와 같이 우리도 끝까지 믿음으로 부르짖어 기도하며 간절히 하나님을 찾을 때 응답받을 수 있습니다(렘 29:12~13).

셋째로, 겉옷을 내어 버리고 예수님 앞에 나왔기 때문입니다.

거지에게 겉옷은 중요한 재산이며 추우나 더우나 한결같이 입고 있어야 할 필수품입니다. 그런데 바디매오는 예수님께서 부르신다는 소리를 듣고 겉옷을 벗어 버리고 뛰어나갔습니다. 여기서 겉옷은 영적으로 더러운 죄, 냄새나는 마음을 뜻합니다. 따라서 '겉옷을 벗어 버린다'는 것은 마음속에 있는 거짓과 미움, 탐심 등을 버리고 회개하여 거룩한 자리에 나아가는 것을 말합니다.

바디매오가 이러한 믿음과 행함을 내보이자 예수님은 "네게 무엇을 하여 주기를 원하느냐"고 물으셨습니다. 이에 그가 "보기를 원하나이다"라고 고백하니 예수님께서는 그의 소원대로 눈을 뜨게 해 주셨습니다. 이처럼 우리도 냄새나고 더러운 죄를 버리고 깨끗한 마음이 되면 주님을 만나 어떠한 문제라도 응답받을 수 있습니다.

참된 평안을 누리려면

흔히 사람들은 많은 것을 소유하고 누리면 만족스럽고 평안할 것으로 생각합니다. 그러나 부요한 사람이나 가난한 사람이나 삶에 근심이 있기는 마찬가지입니다. 인생의 분명한 목적과 의미를 알지 못하면 조그만 일에도 염려하므로 참된 평안을 얻지 못합니다. 이런 사람들에게 예수님께서는 "나의 평안을 너희에게 주노라 내가 너희에게 주는 것은 세상이 주는 것 같지 아니하니라 너희는 마음에 근심도 말고 두려워하지도 말라"(요 14:27) 말씀하셨습니다. 그러면 어떻게 해야 참된 평안을 누릴 수 있을까요?

첫째로, 자신의 본분과 위치를 알아야 합니다.

먼저 자신의 역량, 본분을 정확히 깨달아야 합니다. 부모로서, 자녀로서, 학생으로서, 직장인으로서 자기 위치를 알아 본분을 지켜 행할 때에 삶의 보람을 느끼고 참된 평안을 누릴 수 있습니다. 이와 더불어 영적인 면에서도 주의 종, 기관장, 구역장, 성가대원 등 자신의 위치에서 주어진 사명을 최선을 다해 감당할 때에 기쁨과 평강이 임합니다. 자기 믿음이 어느 정도인지를 알아서 더 큰 믿음으로 성장하기 위해 노력할 때 위로부터 하나님의 은혜가 임하여 사명을 잘 감당할 수 있습니다.

둘째로, 심령이 가난한 사람이 되어야 합니다.

심령이 가난한 사람은 마음을 비우고 모든 것에 만족하며 자기 위치에서 최선을 다합니다. 이러한 사람은 욕심이 없으므로 분에 넘치게 소유하려 하지 않습니다. 또 자신의 생각대로 살지 않고 오직 하나님 말씀을 좇아 살기 때문에 마음에 고통받을 일이 없으며 참 평강을 누립니다. 반대로 심령이 부요한 사람은 자신의 욕심을 좇아 취하고 또 취해도 만족함이 없으니 평안을 얻지 못합니다. 그래서 전도서 1장 8절에 "만물의 피곤함을 사람이 말로 다 할 수 없나니 눈은 보아도 족함이 없고 귀는 들어도 차지 아니하는도다" 말씀하는 것입니다.

셋째로, 자기 마음을 다스리며 진리로 행해야 합니다.

사람들은 대부분 기쁜 일이 있을 때에는 기뻐하지만, 슬프고 괴로운 일이 생기면 이내 힘들어하며 기쁨을 잃어버립니다. 그러나 하나님께서는 항상 기뻐하고 범사에 감사하라 하십니다. 사랑의 하나님께서는 독생자 예수님을 이 땅에 보내어 우리의 모든 죄를 대속하시고, 아름다운 천국에서 영생을 누릴 수 있도록 은혜를 베푸셨습니다. 뿐만 아니라 보혜사 성령님을 보내 주셔서 우리로 하여금 진리 안에서 살며, 늘 하나님의 도우심 속에 승리할 수 있도록 인도하십니다.

이러한 하나님의 사랑과 은혜를 깨달은 사람들은 어떠한 상황에서도 하나님 뜻대로 행하고자 힘쓰며 마음을 잘 다스려 나갑니다. 더구나 천국 소망이 있기 때문에 항상 기뻐하고 감사할 수 있습니다. 그러므로 하나님께서 참 평안을 주시며 신속하게 응답하시는 것입니다.

스트레스를 이기려면

스트레스는 '세계적인 신종 전염병'이라 할 정도로 현대를 살아가는 사람들에게 널리 퍼져 있습니다. 스트레스란 적응하기 어려운 환경에 처할 때 느끼는 심리적, 신체적 긴장상태를 말하며, 각종 질병의 원인이 되기도 합니다. 우리가 어떻게 해야 스트레스를 이길 수 있을까요?

첫째, 인생의 가치와 삶의 목적을 분명히 알아야 합니다.

'나는 어디에서 왔으며 무엇 때문에 살며, 어디로 가는가?' 하는 인생의 가치와 삶의 목적을 분명히 알면 사사로운 문제로 인해 걱정하거나 신경을 쓰지 않습니다. 전도서 12장 13절에 "일의 결국을 다 들었으니 하나님을 경외하고 그 명령을 지킬지어다 이것이 사람의 본분이니라" 말씀합니다. 그러므로 우리는 사람의 본분을 깨달아 행하며 천국에 소망을 두고 세상일에 집착하지 않아야 합니다. 그럴 때 스트레스를 받지 않고 항상 기쁨과 감사 가운데 살 수 있습니다.

둘째, 모든 일을 주님께 맡겨야 합니다.

빌립보서 4장 6~7절에 "아무것도 염려하지 말고 오직 모든 일에 기도와 간구로, 너희 구할 것을 감사함으로 하나님께 아뢰라 그리하면 모든 지각에 뛰어난 하나님의 평강이 그리스도 예수 안에서 너희 마음과 생각을 지키시리라" 말씀합니다. 갖가지 문제를 만날 때 근심하는 것이 아니라 주님께 모든 것을 맡기고 기도하면 주님이 평안을 주시며 합력하여 선을 이루어 주십니다.

셋째, 정기적인 휴식을 취해야 합니다.

하나님께서는 엿새 동안 천지 만물을 창조하신 후 제7일에 안식하시고 우리 사람도 엿새 동안은 힘써 일하고 일곱째 날은 안식하도록 명하셨습니다(출 20:8~11). 이러한 하나님 말씀에 따라 엿새 동안은 열심히 일하고 주일에는 교회에 나와 하나님께 예배드리면 영육 간에 안식을 얻게 됩니다. 신령과 진정으로 예배를 드리고 하나님 말씀을 잘 양식 삼으면 우리 영혼이 윤택해지며 심신의 피로도 자연히 사라집니다.

넷째, 내적인 힘을 길러야 합니다.

요한일서 4장 4절에 "자녀들아 너희는 하나님께 속하였고 또 저희를 이기었나니 이는 너희 안에 계신 이가 세상에 있는 이보다 크심이라" 말씀하신 대로 하나님의 자녀들의 마음 안에는 보혜사 성령님이 계십니다. 성령님께서는 우리에게 기도할 수 있는 능력을 주시고, 우리의 연약함을 위해 간구하며 새 힘을 공급해 주십니다(롬 8:26). 우리가 항상 깨어 기도함으로 성령의 충만함을 입으면 무엇이든 할 수 있다는 내적인 힘이 생겨 어떤 스트레스도 이겨낼 수 있습니다. 그러므로 하나님을 믿음으로 모든 스트레스를 극복하고 천국의 소망으로 마음에 행복이 넘치시기 바랍니다.

응답에 대한 영계의 법칙

하나님께서는 우리의 기도를 들으시되 반드시 영계의 법칙에 맞춰 공의에 따라 응답하십니다. 이러한 공의의 법칙이 바로 일곱 영입니다.

일곱 영이란 영 자체이신 하나님의 마음을 나타냅니다. 여기서 일곱은 하나님의 영이 일곱 개라는 의미가 아니라 완전수로서 영이신 하나님의 완전성을 나타냅니다. 일곱 영은 모든 사람의 마음과 행실을 두루 살피며 응답받을 만한 사람에게 공의에 맞게 역사하십니다. 그러므로 일곱 영은 하나님 편에서 응답을 주기 위한 측정 기계 혹은 저울이라 할 수 있는데, 과연 무엇을 측정하는 것일까요?

첫째로, 믿음을 측정합니다.

하나님께서는 분명히 "믿음대로 되라" 하셨으므로 우리가 진정 마음으로 믿고 고백했다면 반드시 실상으로 나타내십니다. 그런데 믿는

다고 하지만 응답이 없다면 이는 하나님이 인정하시는 영적인 믿음이 아니기 때문입니다. 영적인 믿음은 성결을 이루는 만큼 하나님께서 위로부터 주시며 이 믿음이 있을 때 하나님 말씀에 온전히 순종할 수 있습니다.

둘째로, 기쁨을 측정합니다.

하나님을 믿기 전에는 기쁨이 없는 삶을 살았다 해도 구원받아 천국 백성이 되었다면 기뻐할 수밖에 없습니다. 영원한 사망인 지옥으로 가던 사람이 영생을 얻어 천국 소망이 가득하기에 마음 중심에서 기쁨이 샘솟는 것입니다. 기쁨이야말로 구원받은 하나님의 자녀 된 징표요, 그리스도인으로 구별되는 향기이며, 응답받을 믿음이 있다는 증거가 됩니다. 그런데 하나님에 대한 사랑과 열심이 식어 미지근한 신앙이 되거나, 범죄하여 죄의 담을 만들면 기쁨이 사라집니다. 이런 경우 첫사랑을 회복하고 죄의 담을 헐어야 합니다.

셋째로, 기도를 측정합니다.

하나님의 마음과 뜻에 합당하게 기도해야 합니다. 하나님께서 원하시는 기도는 먼저 습관을 좇아 쉬지 않고 기도하는 것입니다. 또한 무릎을 꿇고 기도하며, 자기 유익을 좇는 것이 아니라 하나님의 뜻에 따라 기도하는 것입니다(눅 22:42). 이와 더불어 힘쓰고 애써 부르짖으며(눅 22:44), 믿음과 사랑을 가지고 기도해야 합니다. 정녕 하나님께서 응답하심을 믿고 하나님을 사랑하는 마음으로 기도하는 것입니다. 이런 기도의 향을 하나님께서 기쁘게 흠향하십니다.

넷째로, 감사를 측정합니다.

기쁨과 함께 감사 역시 하나님의 자녀 된 증거로 나타나는 열매입니다. 하나님의 살아 계심을 믿고 천국과 지옥이 있음을 믿는 사람은 어떤 상황에서도 마음 중심에서 감사의 고백이 나옵니다. 감사할 조건이 있을 때뿐 아니라 어려움이 있을지라도 오직 믿음으로 감사의 기도를 드릴 때 하나님께서 합력하여 선을 이루어 주십니다.

다섯째로, 계명을 측정합니다.

성경에는 "하라, 하지 말라, 지키라, 버리라"고 명하신 말씀이 많은데, 십계명은 이 모든 계명을 함축하고 있습니다. "하나님을 사랑하는 것은 이것이니 우리가 그의 계명들을 지키는 것이라"(요일 5:3) 말씀한 대로 계명을 지킨다는 것은 하나님을 사랑한다는 증거가 됩니다. 이러한 증거가 있어야 응답받을 수 있습니다.

여섯째로, 충성을 측정합니다.

각자에게 맡겨진 직분과 사명을 감당할 때 하나님 앞에 합당하게 충성하는지를 측정합니다. 하나님께서는 단지 교회 안에서뿐만 아니라 가정이나 직장 등 자신이 속한 모든 곳에서의 충성 곧 온 집에 충성을 원하시며, 또한 악을 버리고 거룩한 마음으로 드리는 영적인 충성을 기뻐 받으십니다.

일곱째로, 사랑을 측정합니다.

사랑은 앞에서 살펴본 여섯 가지를 온전하게 매는 띠와 같으며, 우리가 이 땅에서 경작받는 궁극적인 목적이기도 합니다. 그러니 기도든 충성이든 무엇을 하든지 하나님과 이웃을 사랑하는 마음으로 해야 참된 의미가 있습니다(고전 13:1~3). 가령, 사명을 받아 열심히 충성하는 것 같은데, 마음에 맞지 않는 일이 있다고 해서 혈기를 낸다면 이는 사랑으로 행한 것이 아닙니다. 우리가 사랑을 이룰 때라야 모든 것을 온전히 이루었다 할 수 있고, 하나님을 기쁘시게 하여 질병 치료는 물론 응답과 축복을 신속하게 받을 수 있습니다.

Part 5

하나님이 기뻐하시는 일꾼

God-pleasing Workers

꿈을 갖고 이루는 사람 | 선한 청지기 | 책임을 지는 사람

의로운 사람 | 정직한 사람 | 주께서 칭찬하시는 사람 | 오직 성령으로 행해야

풍성한 열매를 맺으려면 | 모든 사람과 화평함 | 주 안에서 하나가 되려면

행한 대로 주어지는 처소와 상급 | 섬기는 자가 큰 자

“사람이 마땅히 우리를 그리스도의 일꾼이요
하나님의 비밀을 맡은 자로 여길지어다
그리고 맡은 자들에게 구할 것은 충성이니라”
(고린도전서 4:1~2)

God-pleasing Workers

꿈을 갖고 이루는 사람

꿈이 있는 사람은 행복합니다. 꿈을 이루기 위해 계획을 세우고 노력하다 보면 삶에 활력이 넘치고 즐겁습니다. 꿈이 클수록 그만큼 수고와 인내가 따르고 때로는 고충도 있지만 땀 흘린 뒤에 얻어지는 열매와 기쁨은 그에 비할 수 없을 정도로 큽니다. 학생이라면 자신이 원하는 학교나 직장에 들어가려는 꿈이 있고, 장성한 사람은 내 집 마련이나 사업 확장을 위한 꿈을 꾸기도 합니다.

이처럼 저마다 크고 작은 꿈을 갖고 살아가는데, 하나님 자녀로서 가져야 할 꿈도 있습니다. 바로 하나님께서 원하시는 삶을 영위함으로 영생을 얻을 뿐 아니라, 사명을 충성되이 감당하여 많은 영혼을 구원하며 주를 뵈올 수 있는 자격을 온전히 갖추는 것입니다. 이러한 사람은 하나님 보좌가 있는 천국에서 영원한 영광과 행복을 누리게 됩니다. 과연 어떻게 해야 이러한 꿈을 이룰 수 있을까요?

첫째, 충성해야 합니다.

고린도전서 4장 2절에 "맡은 자들에게 구할 것은 충성"이라 하였으니 자신에게 주어진 사명을 잘 감당해야 합니다. 성도라면 신령과 진정으로 예배드리며 하나님 말씀을 지켜 행하는 것이 사명입니다. 영혼을 관리하는 사명을 맡았다면 새신자나 믿음이 연약한 사람들을 잘 보살핌으로 영적인 성장을 도와주고 날마다 구원받는 수가 더하게 해야 합니다. 이렇게 충성하는 만큼 하늘나라에 상급이 쌓이며 하나님과 성도들에게 인정과 사랑을 받는 것입니다.

둘째, 영적인 계획을 세워야 합니다.

지금보다 더 나은 모습으로 변화되고자 믿음을 갖고 영적인 계획을 세워야 합니다. 바로 하나님 말씀을 온전히 양식 삼고 믿음의 형제들을 사랑하고 섬기는 등 그리스도의 가르침대로 행하기 위한 계획을 세우고 노력해야 하는 것입니다. 그럴 때 하나님께서 필요한 지혜를 주시며 꿈을 이룰 수 있는 지름길로 인도해 가십니다.

셋째, 하나님을 기쁘시게 해야 합니다.

하나님을 사랑하는 사람은 주님의 몸 된 교회를 사랑합니다. '어찌하면 교회가 부흥하고 하나님께 영광을 돌릴까?'를 생각하며 오직 하나님 나라와 의를 구하고 믿음으로 하나님을 기쁘시게 합니다. 히브리서 11장 6절에 "믿음이 없이는 기쁘시게 못하나니 하나님께 나아가는 자는 반드시 그가 계신 것과 또한 그가 자기를 찾는 자들에게 상 주시는 이심을 믿어야 할지니라" 말씀했습니다. 그러니 하나님 앞에 온전한 믿음을 내보이는 사람을 하나님께서 기뻐하시고 마음의 소원을 이루어 주십니다.

넷째, 자신에 대하여 인내해야 합니다.

하나님께서 주신 꿈을 갖고 이루는 과정에 혹 어려운 일들이 다가올 수도 있습니다. 그럴지라도 끝까지 인내하며 주어진 일을 잘 감당하고 말씀대로 지켜 행해야 합니다. 이 또한 믿음으로 하나님을 기쁘시게 하는 일입니다. 이처럼 하나님의 뜻과 방법대로 행하며 인도하심을 받으면 아브라함이나 요셉처럼 꿈을 이룰 수 있습니다. 우리도 주 안에서 마음껏 꿈을 꾸며 하나님의 지혜와 능력을 힘입어 창대하게 이루어야겠습니다.

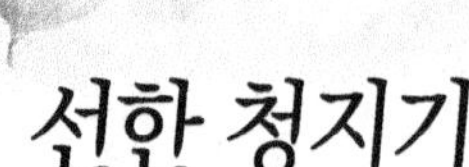

선한 청지기

경영자는 어찌하든 유능한 인재를 선발하고자 합니다. 어떤 사람을 쓰느냐에 따라 기업의 성패가 좌우되기 때문입니다. 마찬가지로 하나님께서도 마음에 맞는 사람을 택하여 일을 맡기기 원하십니다. 그래서 하나님의 마음에 맞추어 많은 열매를 남겼을 때 이를 기뻐하고 선한 청지기라 인정하시는 것입니다. 주 안에서의 청지기란 하나님께서 주신 모든 환경과 물질, 시간 등을 맡아 관리하는 사람을 가리킵니다.

베드로전서 4장 11절에 "만일 누가 말하려면 하나님의 말씀을 하는 것같이 하고 누가 봉사하려면 하나님의 공급하시는 힘으로 하는 것같이 하라 이는 범사에 예수 그리스도로 말미암아 하나님이 영광을 받으시게 하려 함이나" 기록하고 있습니다. 그러면 하나님이 원하시는 선한 청지기는 어떤 모습인지 다섯 가지 경우로 나누어 살펴보겠습니다.

첫째로, 주인이 어려움을 당하는 경우입니다.

악한 청지기는 주인이 어려운 상황에 처하면 피하거나 외면해 버립니다. 그러나 선한 청지기는 자신을 희생해서라도 주인의 어려움을 대신 감수하고자 합니다. 이와 같이 생명 다해 주인을 섬길 수 있는 마음을 소유한 사람이 바로 선한 청지기입니다.

둘째로, 주인을 섬기는 마음 자세입니다.

악한 청지기는 주인에게 책망받지 않을 정도로만 일합니다. 직장인인 경우, 눈치껏 쉬어가며 일한다거나, 보수 때문에 할 수 없이 일한다든가, 기쁨이나 보람도 없이 타성에 젖어 일하는 것입니다. 하지만 선한 청지기는 어떤 일이든 기쁨과 감사함으로 감당합니다. 또한 중심에서 주인을 사랑하기 때문에 모든 일을 그의 뜻에 맞춰 나갑니다. 주인의 의도를 미리 파악하여 신속히 처리하고, 설령 그에게 단점이 있다 해도 그것을 보완해 줍니다.

셋째로, 주인의 재물을 관리하는 경우입니다.

악한 청지기는 주인의 것을 이용하여 자신의 영리를 추구합니다. 반면, 선한 청지기는 부지런히 일하여 주인의 재산을 풍요하게 만듭니다. 이런 사람은 아무리 작은 것이라 해도 남의 것을 탐내지 않습니다. 우리가 하나님 나라의 선한 청지기가 되기 원한다면 하나님의 것인 십일조를 드리는 것은 물론이고, 나머지 물질도 바르게 써야 합니다. 하나님께 십일조를 드리지 않고 자신이 써 버리거나, 10의 9는 내 것이라며 흥청망청 쓴다면 선한 청지기라 할 수 없습니다.

넷째로, 자신의 위치가 올라갔을 경우입니다.

악한 청지기는 자신이 어느 정도 역량을 갖추면 이내 마음이 교만해져 주인을 업신여깁니다. 하지만 선한 청지기는 인정받을수록 자신을 돌아보아 더욱 겸비한 마음으로 주인을 섬깁니다. 하나님 나라의 선한 청지기는 어떤 일을 맡으면 잘 감당하기 위해 기도하고, 영적인 것을 깨우치며 순복해 나감으로 아름다운 열매를 맺습니다.

다섯째로, 극한 상황에 처한 경우입니다.

악한 청지기는 생사의 갈림길에 처하면 이내 자신의 유익을 좇아 배신하지만 선한 청지기는 변함없이 섬기고 충성합니다. 초대교회 성도들은 주를 향한 믿음을 지키기 위해 기꺼이 사자밥이 되고 칼에 목 베임을 당했습니다. 이런 모습이 선한 청지기입니다. 우리가 하나님 나라를 위해 힘써 기도하고 금식하며 자신의 전부를 드려 헌신한다면 이역시 선한 청지기의 마음과 행함입니다.

책임을 지는 사람

진실한 사람은 어떤 상황에서도 마음이 요동하거나 변개하지 않고 자신의 말과 마음을 지키며 자신의 행동에 책임을 집니다. 그래서 주위 사람들을 바른 길로 이끌어 주기도 하고, 때로는 억울한 사람의 입장을 진실하게 대변함으로 위기에서 구해 주기도 합니다. 자신의 일은 당연히 책임질 줄 알며, 자신과 관련된 분야 외에도 폭넓게 마음을 쓰므로 윗사람도 그를 믿고 더 많은 일을 맡길 수 있습니다.

하나님의 자녀도 이처럼 자신에 대해서 책임을 질 뿐 아니라 모든 사람 앞에 빛과 소금의 역할을 잘 감당해야 합니다. 그러기 위해서는 구체적으로 어떠한 행함이 필요할까요?

첫째로, 언행에 본이 되어야 합니다.

디도서 1장 7~9절을 보면 "감독은 하나님의 청지기로서 … 선을 좋아하며 근신하며 의로우며 거룩하며 절제하며 미쁜 말씀의 가르침을 그대로 지켜야 하리니” 말씀했습니다. 그러니 직분자들은 주님께서 자기 피로 사신 교회를 위해 직분을 주셨음을 명심하고 모든 언행에 삼가 조심해야 합니다. 또한 선한 청지기의 마음으로 하나님의 나라와 의를 위해 희생하고 충성하며, 모든 사람의 본이 되는 삶을 살아야 합니다.

둘째로, 복음을 전하며 영혼들을 생명의 길로 인도해야 합니다.

하나님께서는 모든 사람이 구원을 받으며 진리를 아는 데 이르기를 원하십니다(딤전 2:4). 그러므로 믿지 않는 영혼들에게 사랑으로 열심히 복음을 전하고 믿음을 심어 주어 날마다 구원받는 수를 더해야 합니다. 사도 바울이 눈물로 훈계하며 많은 영혼을 영생의 길로 인도한 것같이 열심히 복음을 전하며 하나님 말씀대로 살아가도록 인도해야 하는 것입니다.

셋째로, 하나님이 주실 기업을 바라보는 믿음이 있어야 합니다.

참 믿음을 소유한 성도는 하나님 앞에 충성 봉사하고 헌신하되 조금도 힘들다 하지 않고 기뻐합니다. 행한 대로 갚아 주시는 하나님을 바라보는 믿음이 있기 때문입니다. 사도 바울은 하나님께서 주실 기업, 곧 영원한 영광과 상을 바라보았기에 어떠한 희생도 기쁨으로 감수했습니다. 빌립보서 2장 17절에 “만일 너희 믿음의 제물과 봉사 위에 내가 나를 관제로 드릴지라도 나는 기뻐하고 너희 무리와 함께 기뻐하리니" 고백할 정도였습니다.

관제란, 제물 위에 포도주를 부어 드리는 제사를 말합니다. 이때 포도주는 제물에 스며들어 향취를 더해 주지만 그 자체는 드러나지 않습니다. 바로 이 포도주와 같이 사도 바울 자신은 이름도, 빛도 없이 희생하고 온갖 고난을 당할지라도 하나님의 나라와 의를 이룰 수만 있다면 다 드려지기를 원하는 중심이었던 것입니다.

넷째로, 서로 돌아보아야 합니다.

주는 것이 받는 것보다 복이 있음을 깨달아 성도들의 쓸 것을 공급하며 손 대접하기를 힘써야 합니다. 또한 기회 있는 대로 모든 이에게 선행과 구제를 하되 더욱 믿음의 가정들에게 행하며 주님처럼 섬김의 본을 보여야 합니다. 이처럼 우리가 선을 행하면 반드시 하나님께서는 우리 영혼이 잘되게 하시고 믿음이 성장한 만큼 범사가 잘되게 하십니다. 또한 우리가 심은 것은 이 땅에서뿐만 아니라 하늘나라의 상급으로 쌓이니 얼마나 복된 일입니까. 따라서 믿음과 사랑으로 이웃을 돌아보며 하나님 앞에 선을 행해야겠습니다.

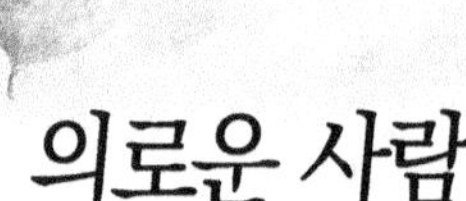

의로운 사람

사람들은 불의를 참지 못하고 정의감에 불타는 이들을 의롭다고 생각합니다. 하지만 하나님 보시기에 의인은 죄를 버리고 마음의 의를 이룬 사람입니다. 하나님 말씀에 순종하여 방주를 지은 노아, 세례 요한의 부모인 사가랴와 엘리사벳, 백부장 고넬료 등이 하나님께 의인이라 인정받았습니다. 그러면 하나님 마음에 합한 의인은 어떠한 생각과 마음과 행함을 지녔을까요?

첫째로, 선한 생각을 합니다.

잠언 11장 23절에 '의인의 소원은 오직 선하다' 고 말씀합니다. 실제로 아브라함이나 요셉, 다니엘 등 하나님께서 인정하셨던 의인들은 억울한 일을 당해도 '어떻게 나에게 이럴 수 있는가?' 라는 생각을 하지 않았습니다. 오히려 상대를 위해 다 내어 주며 잠잠히 하나님만을 바랐습니다. 그 마음과 행함을 보신 하나님께서 삶 속에 함께하시니 언제나 형통한 길로 갈 수 있었습니다. 마찬가지로 우리가 선하게 살고자 한다면 하나님께서는 지혜를 주셔서 형통한 길로 가게 하십니다.

둘째로, 성령의 아홉 가지 열매가 맺혀 있습니다(갈 5:22~23).

똑같은 상황에서도 마음이 어떠하냐에 따라 악을 발하는 사람이 있는가 하면, 선으로 행하는 사람도 있습니다. 미움과 시기, 욕심 등이 많을수록 문제를 악으로 해결하고자 합니다. 반면 마음이 깨끗하고 사랑과 희락과 화평, 오래 참음과 자비, 양선과 충성, 그리고 온유와 절제의 마음으로 가득한 사람은 모든 것을 선으로 해결해 나갑니다.

셋째로, 상대의 유익을 구합니다.

하나님 보시기에 의로운 사람은 범사에 자신의 유익을 구하지 않습니다. 모든 사람을 소중하게 여기기에 상대에게 고통을 주지 않으며 어찌하든 기쁨과 소망을 주고자 합니다. 또 함부로 실례를 범하지 않으며 자신의 책임을 다할 뿐 아니라 다른 사람의 형편도 돌아보아 힘이 되어 줍니다. 이런 사람이라면 하나님 앞에서도 범죄할 리 없습니다. 하나님께서는 이러한 의인을 지극히 사랑하셔서 놀라운 은총과 축복으로 함께하십니다.

정직한 사람

항상 의롭고 선한 말을 내는 사람이 있는가 하면, 악한 말로 상대의 마음을 아프게 하는 사람도 있습니다. 잠언 16장 13절에 "의로운 입술은 왕들의 기뻐하는 것이요 정직히 말하는 자는 그들의 사랑을 입느니라" 말씀합니다. 이에서 알 수 있듯이 의로운 입술이 되기 위한 중요한 조건은 바로 정직한 것입니다.

여기서 정직이란 '바른 길을 제시해 주는 하나님 말씀을 명심하여 그대로 행하는 것'을 뜻합니다. 그러면 영적으로 정직한 사람이란 어떤 사람일까요?

첫째, 잘못을 인정하고 회개하는 사람입니다.

책망받는 것이 두려워 자신의 잘못이나 실수를 밝히지 않으면 하나님께서 기뻐하시지 않습니다. 이러한 사람은 영적인 성장은 물론, 삶

속에서도 발전이 없습니다. 자신의 잘못을 솔직하게 인정하고 책임질 줄 알며 그에 따른 징계까지도 달게 받는 것이 정직하고 그릇이 큰 사람으로서, 신속히 진리로 변화될 수 있습니다.

둘째, 선악 간에 분별하여 선을 선택하는 사람입니다.

정직하지 못한 사람은 선과 악을 택해야 하는 상황에서 자신에게 유익이 되면 악을 택하는 것을 볼 수 있습니다. 눈앞의 이익에 집착하고 현실에 급급하다 보면 이렇게 악에 동조하는 어리석음을 행할 수 있습니다. 그러나 어려움이 온다 해도 옳은 길이라면 그 길을 갈 수 있어야 합니다. 마태복음 10장 28절에 "몸은 죽여도 영혼은 능히 죽이지 못하는 자들을 두려워하지 말고 오직 몸과 영혼을 능히 지옥에 멸하시는 자를 두려워하라" 말씀하신 것을 기억하여 담대히 선을 선택해야 하는 것입니다.

셋째, 자신에게 유익이 없어도 진실을 말하는 사람입니다.

정직하게 말하면 손해가 올까 봐 말을 바꾸거나 아예 부인하는 사람이 있습니다. 또는 사람들에게 알려서 시정해야 할 일인데도 자신에게 유익이 되지 않는다 해서 그대로 덮어 두는 사람도 있습니다. 그런가 하면 자신의 감정에 따라 실제보다 과장하거나 축소해서 말하는 사람도 있습니다. 이러한 모든 것이 정직에서 벗어난 일입니다. 설령 자신에게 유익이 없어도 진실을 말할 수 있어야 정직한 사람입니다.

주께서 칭찬하시는 사람

　사람들에게 칭찬과 인정을 받는다는 것은 참으로 좋은 일입니다. 우리의 마음 씀이나 행동이 이웃에게 귀감이 될 만하고 덕이 되며 은혜를 끼친다는 증거이기 때문입니다. 하물며 하나님의 칭찬과 인정을 받는다면 얼마나 가치 있고 복된 일이겠습니까. 고린도후서 10장 18절에 "옳다 인정함을 받는 자는 자기를 칭찬하는 자가 아니요 오직 주께서 칭찬하시는 자"라 말씀합니다. 그러면 주께서 칭찬하시는 사람은 과연 어떤 모습인지 살펴보겠습니다.

　첫째로, 상대를 악으로 지적하는 일이 없습니다.

　주님께 칭찬을 받으려면 상대를 악으로 판단하거나 정죄하며 지적하는 일이 없어야 합니다. 상대를 무시하고 자기 의견을 강요하거나 범사에 가르치려 해서도 안 됩니다. 물론 다른 사람 편에서 물어 오거나 조직 내에서 가르쳐야 할 위치에 있는 경우에는 상대가 스스로 깨닫도록 설명해 줄 수는 있습니다. 그러나 상대의 허물이 보이는 것은 그만큼 그를 존중하지 못한다는 증거이니, 섬김의 마음으로 상대의 좋은 점만 볼 수 있어야 합니다.

둘째로, 화를 내거나 다툼으로 상대에게 고통을 주지 않습니다.

만일 윗사람이 자주 화를 내는 까다로운 사람이라 해도 아랫사람은 질서를 존중하시는 하나님 뜻대로 윗사람에게 순복해야 합니다. 반대로 윗사람은 아랫사람을 사랑과 이해로 돌보아야 합니다. 잠언 12장 16절에 "미련한 자는 분노를 당장에 나타내거니와 슬기로운 자는 수욕을 참느니라" 했고, 야고보서 1장 20절에는 "사람의 성내는 것이 하나님의 의를 이루지 못함이니라" 말씀합니다. 자신이 보기에는 화내는 것이 정당할지 모르지만 그것은 상대의 감정을 상하게 할 뿐 아니라, 화내는 자체가 하나님의 의와는 거리가 멉니다.

셋째로, 어떠한 칭찬이나 지적에도 동요되지 않습니다.

소인은 칭찬을 들으면 자신을 가누지 못하고 기뻐하지만, 대인은 자신이 정말 칭찬받을 만한 일이 있는지 돌아보고 더욱 근신하며 개선해 나갑니다. 또한 소인은 지적을 받으면 힘을 잃고 주저앉지만, 대인은 오히려 감사하며 성장의 계기로 삼습니다. 그러니 주께서 칭찬하시는 사람은 대인의 마음을 지닌 사람입니다.

넷째로, 마음에 서운함을 갖지 않습니다.

서운함이 생기는 것은 인정받고 칭찬받으려는 마음을 버리지 못했기 때문입니다. 이런 육적인 마음이 없으면 혹 자신에게 실례를 범하는 사람이 있다 해도 그 사실을 깨우쳐 줄 수는 있지만 그 때문에 서운해하지는 않습니다. 하나님께서는 육체와 함께 그 정과 욕심을 십자가에 못 박아야 할 것을 말씀하시며(갈 5:24), 우리가 신속히 말씀과 기도로 변화되어 거룩한 주님을 닮기 원하십니다(딤전 4:5 ; 벧전 1:16).

오직 성령으로 행해야

성령을 통한 하나님의 역사는 사람을 감동시키는 놀라운 힘이 있습니다. 아무리 악한 사람도 변화시켜 믿음을 갖게 만듭니다. 따라서 우리가 선한 마음으로 변화되며 영혼을 구원하는 능력을 받기 위해서는 범사에 성령의 역사 속에 행해야 합니다. 하나님의 영이신 성령께서는 모든 것 곧 하나님의 깊은 것이라도 통달하시며(고전 2:10), 우리를 선한 길로 인도해 가십니다. 과연 성령의 역사를 받으려면 어떻게 해야 할까요?

첫째로, 성령의 소욕을 좇아야 합니다.

갈라디아서 5장 17절에 "육체의 소욕은 성령을 거스리고 성령의 소욕은 육체를 거스리나니 이 둘이 서로 대적함으로 너희의 원하는 것을 하지 못하게 하려 함이니라" 말씀합니다. 성령을 받은 하나님 자녀라도 온전히 영으로 변화되기 전까지는 두 마음이 있습니다. 바로 성령의 소욕을 좇고자 하는 마음과 육체의 소욕을 좇고자 하는 마음입니다.

성령은 우리를 진리로, 구원의 길로 인도하십니다. 반면에 육체의 소욕은 우리를 죄와 불의, 불법 가운데로 이끌어 분쟁을 일으키며 사단의 역사를 받아 성령의 일을 하지 못하도록 합니다. 우리의 믿음이 성장하여 영의 사람이 되어 갈수록 육체의 소욕을 좇고자 하는 마음을 지배하고 성령의 소욕을 좇게 됩니다. 그럴 때에 성령의 열매를 풍성히 맺을 수 있습니다.

둘째로, 성령의 역사를 사모해야 합니다.

성령을 받으면 항상 찬송하며 기도하는 사람으로 변화되어 갑니다. 또한 주일을 기다리고 하나님 말씀 듣기를 사모하며 성전에 모이기를 힘씁니다. 그러니 자연히 하나님의 뜻을 좇아 살게 됩니다. 이에서 나아가 하나님 은혜와 능력을 받고자 한다면 성령의 역사로 일어나는 일들을 사모해야 합니다.

가령, 어떤 직분자가 병든 사람을 위해 기도하니 치료받았다고 합시다. 그럴 때 성령의 역사를 사모하는 사람이라면 '이 일은 저 직분자에게만 있는 일이야.' 하고 생각하지 않습니다. '나도 성령의 역사를 나타낼 수 있도록 능력을 받아야겠다.'는 마음으로 더욱 열심히 기도할 것입니다. 이처럼 선한 일을 이루고자 침노해 가는 사람을 하나님께서 기뻐하시고 능력을 더해 주십니다.

셋째로, 성령의 음성을 듣고 순종해야 합니다.

성령의 음성을 듣고 순종하는 사람은 성령께서 나아갈 바를 밝히 알려 주시므로 실수하지 않습니다. 우리가 성령의 음성을 듣기 위해서는 부지런히 하나님 말씀을 양식 삼아야 합니다. 그래야 성령께서 진리인 하나님 말씀으로 우리 마음에 음성을 들려 주십니다. 또한 불같이 기도할 때 육신의 생각이 깨져서 성령의 음성을 더 정확히 듣고 순종할 수 있습니다.

넷째로, 성령의 인도를 받아야 합니다.

이방인의 사도였던 바울은 2차 전도여행을 떠나고자 할 때 '아시아로 가리라' 마음먹었습니다. 아시아에 자신의 고향이 있고, 1차 전도여행 때도 그곳에서 복음을 전했기에 가려 했던 것입니다. 그런데 예수님의 영이 아시아에서 말씀을 전하지 못하게 하셨습니다. 게다가 밤에 마게도냐 사람이 나타나 자신을 청하는 환상을 보여 주시니 그는 즉시 방향을 바꿔 마게도냐로 떠났습니다. 마게도냐에서 사역하는 것이 하나님의 뜻임을 깨달은 것입니다(행 16:6~10). 이렇게 성령의 음성을 듣고 순종할 때 성령의 인도를 받을 수 있습니다.

다섯째로, 성령이 말하게 하심을 따라 말해야 합니다.

주님이 승천하신 후 베드로는 성령을 받아 선천적으로 걷지 못하던 사람을 치료하는가 하면, 사람들 앞에서 거침없이 설교했습니다. 그가

솔로몬 행각에서 설교할 때에 그 설교를 듣고 주를 영접한 사람이 남
자의 수만 해도 오천 명이나 될 정도였습니다(행 1~4장). 사람들이 베드로
를 평범한 어부로 보았다가 그의 설교를 듣고 놀랐는데, 이는 베드로가
성령의 감동을 받아 말했기 때문입니다. 그러므로 믿음의 선진을 본받
아 범사에 성령의 역사를 받아 이루어 감으로 풍성한 열매를 맺어 하나
님께 영광 돌리시기 바랍니다.

풍성한 열매를 맺으려면

요한복음 15장을 보면 예수님을 포도나무에, 그리스도인들을 그 가지에 비유하고 있습니다. 가지가 포도나무에 붙어 있어야 양분을 공급받고 열매를 맺는 것처럼, 우리가 주님과 하나 될 때만이 풍성한 열매를 맺을 수 있다는 의미입니다. 그러면 주 안에서 많은 열매를 맺으며 하나님께 영광 돌리려면 구체적으로 어떻게 해야 할까요?

첫째로, 불같은 기도와 금식이 있어야 합니다.

이는 곡식을 잘 자라게 하기 위해 밭을 옥토로 만들고 거름을 주는 작업과도 같습니다. 우리 안에 하나님 말씀을 심었으면 불같은 기도와 금식으로 마음 밭을 열심히 개간하여 좋은 열매가 맺히도록 해야 합니다. 비록 겨자씨처럼 작은 믿음을 가졌다 해도 불같은 기도와 금식을 하면 믿음이 성장하여 하나님의 능력을 받을 수 있습니다.

둘째로, 죄악을 과감히 버려야 합니다.

포도를 재배할 때 포도송이 중에 썩은 것이 있는데도 그냥 둘 사람은 없을 것입니다. 그냥 두면 주변의 싱싱한 열매들까지 함께 썩기 때문입니다. 죄도 마찬가지입니다. 아무리 사소하게 보이는 죄라도 그대로 버려 두면 점점 더 큰 죄로 자랍니다(갈 5:9). 그러니 미움, 시기, 혈기, 판단, 간음 등 죄와 악이 발견되면 과감히 버려야 합니다. 하나님께서는 자녀들이 범죄하여 사망의 길로 가지 않도록 항상 살피시며 잘못된 부분이 있을 때는 책망이나 연단을 하십니다. 이를 통해 우리가 죄를 깨닫고 변화되기를 원하시는 것입니다.

셋째로, 믿음의 뿌리를 굳게 내려야 합니다.

나무가 잘 자라 열매를 맺기까지는 여러 과정이 있습니다. 때로는 홍수나 가뭄, 또는 이상 기후도 견뎌내야 합니다. 뿌리를 깊게 내린 나무는 비바람에도 쓰러지지 않고 견디며, 가뭄에도 수분을 공급받아 탐스러운 열매를 맺습니다. 반면 뿌리가 깊지 못한 나무는 비바람에 쓰러지거나 가뭄을 견디지 못하고 말라죽습니다.

신앙 안에서도 아름다운 열매를 맺기 위해서는 믿음의 뿌리를 굳게 내려야 합니다. 그러기 위해서는 항상 성령의 충만함 가운데 달려가며 반드시 하나님 말씀 위에 굳게 서 있어야 합니다. 말씀의 반석에 선 사람은 범사에 진리로 분별하므로 세상에 빠지거나 미혹받는 일이 없습

니다. 우리가 불같이 기도하며 힘써 죄를 버리고 진리의 말씀을 통해
자신의 모습을 비춰보아 부족한 분야를 채워가면 열매를 풍성히 맺을
수 있습니다.

모든 사람과 화평함

서로 간에 화평이 깨지면 여러 문제가 생깁니다. 가족 간의 불화는 사랑과 행복을 앗아가며, 직장 구성원들 간의 불화는 회사의 발전에 걸림돌이 됩니다. 그러니 우리 삶 속에서 화평을 이루는 일은 매우 중요합니다. 더욱이 히브리서 12장 14절에 "모든 사람으로 더불어 화평함과 거룩함을 좇으라 이것이 없이는 아무도 주를 보지 못하리라" 말씀하셨으니, 주님을 사랑한다면 반드시 화평해야 합니다. 모든 사람과 화평을 이루기 위해서는 어떻게 해야 할까요?

첫째로, 질서를 좇아 의를 행해야 합니다.

만일 신하가 많은 사람 앞에서 왕의 잘못을 말하여 몹시 민망케 했다면 어떠할까요? 비록 좋은 의도로 하였을지라도 왕에게 누가 되었으니 이는 옳지 못합니다. 가정이나 직장에서는 물론, 이웃 간에도 마찬가지입니다. 하나님께서 성경에 "하라, 하지 말라, 지키라, 버리라" 하신 말씀대로 선과 진리 가운데 행하되 질서를 좇아 상대에게 민망함을 주지 않고 일을 이룰 때 진정한 의를 행했다고 할 수 있습니다.

둘째로, 원수를 맺어서는 안 됩니다.

조선시대 조광조는 강직하고 의로워서 과감한 개혁 정책을 실행하려 했습니다. 그러나 반대파를 무조건 배척함으로 원한을 샀고 결국 모함을 받아 처형되고 말았습니다. 그가 만일 지혜롭게 상대를 포용했다면 개혁을 성공적으로 이뤘을 것입니다. 예수님께서는 누구에게든지 흠 잡힐 만한 말씀은 하지 않으셨고, 의를 행하면서도 주위 모든 환경을 소리 없이 평정해 가셨습니다. 우리도 예수님을 본받아 모든 언행을 온전케 함으로 누구와도 원수를 맺는 일이 없어야 합니다.

셋째로, 상대를 무시해서는 안 됩니다.

사람들은 대부분 자신이 상대보다 많은 것을 안다고 여기면 가르치려는 자세로 말하게 됩니다. 설령 상대를 무시하려는 마음이 없다 해도 듣는 쪽에서는 무시당했다고 생각할 수 있는 것입니다. 그러므로 가르치려는 태도를 버리고 상대가 잘 이해할 수 있도록 설명해 준다는 마음으로 매사를 겸손하게 처리해 나갈 때 어느 누구와도 화평할 수 있습니다.

주 안에서 하나가 되려면

우리 몸은 여러 지체로 이루어져 있는데 각 지체가 자기 역할을 잘 감당하며 온전히 하나 될 때 건강을 유지할 수 있습니다. 마찬가지로 우리는 그리스도의 몸 된 교회를 이루는 각 지체로서 서로 하나 될 때 하나님께 영광을 돌릴 수 있습니다. 그러면 주 안에서 하나가 되기 위해서는 어떻게 해야 할까요?

첫째로, 마음을 다해야 합니다.

마음을 다하는 사람은 자신에게 닥친 현실이 아무리 힘들어도 그것을 피하려 하지 않습니다. 자신의 유익을 좇아 변개하지도 않으며 끝까지 도리를 좇아 나갑니다. 범사에 주님을 섬기는 마음으로 정성을 다해 이루려는 마음이기 때문입니다(골 3:23). 이런 사람은 '어떻게 하면 일을 잘 이루어 하나님께 영광 돌릴까?'를 생각하기 때문에 남이 하기 싫어하는 일도 기쁨으로 감당합니다.

둘째로, 목숨을 다하는 중심이 되어야 합니다.

초대교회 성도들이나 주님의 제자들은 하나님을 사랑함으로 하나가 되었기에 죽음도 두려워하지 않고 복음을 전하며 믿음을 지켰던 것을 봅니다. 그들의 믿음과 헌신으로 결국 로마는 물론, 전 세계로 복음이 전파되었습니다. 이와 같이 옳은 일을 위해서라면 목숨이라도 기꺼이 내어 줄 수 있는 중심이 될 때 어떤 시련이 와도 능히 극복하고 하나님께 영광을 돌릴 수 있습니다.

셋째로, 뜻을 다해야 합니다.

예수님께서는 "네 마음을 다하고 목숨을 다하고 뜻을 다하여 주 너의 하나님을 사랑하라" 하셨습니다(마 22:37). 뜻을 다한다는 것은 인간적인 생각을 동원하는 것이 아니라 하나님 뜻에 맞추어 자신을 부인해 나가는 것을 의미합니다. 예를 들어, 어떤 일을 성공적으로 이루기 위해서는 자신의 생각이나 방법이 더 좋아 보인다 해도 전체를 위해 포기할 수 있는 마음이 되어야 합니다. 이렇게 자신의 생각을 철저히 깨뜨리고 하나님의 뜻을 좇아 나갈 때 서로 하나 될 수 있습니다.

행한 대로 주어지는 처소와 상급

공의의 하나님께서는 우리가 이 땅에서 행한 대로 갚아 주시고 심은 대로 거두게 하십니다(고후 9:6). 요한계시록 22장 12절을 보면 "보라 내가 속히 오리니 내가 줄 상이 내게 있어 각 사람에게 그의 일한 대로 갚아 주리라" 하셨고, 요한계시록 2장 23절에는 "내가 너희 각 사람의 행위대로 갚아 주리라" 말씀하셨습니다. 따라서 구원받아 천국에 들어가는 것도 중요하지만 천국의 어느 처소에 들어가 어떤 상급을 받게 될 것인지도 매우 중요합니다. 그러면 천국의 처소와 상급은 어떻게 결정될까요?

먼저, 얼마나 하나님을 사랑하여 계명을 지킴으로 영혼이 잘되었느냐에 따라 주어지는 천국 처소가 다릅니다.

우리가 얼마나 죄를 피 흘리기까지 싸워 버리며 성결하냐에 따라 천국의 낙원에 갈 수도 있고 가장 영화로운 처소인 새 예루살렘에 갈 수도 있다는 것입니다.

다음으로, 얼마나 많은 영혼을 하나님의 품으로 인도했으며, 얼마나 정성껏 하나님 앞에 예물을 심었느냐에 따라 상급이 달라집니다.

우리가 이 땅에서 영혼 구원에 힘쓰며 각종 예물을 드림으로 하나님 나라가 이루어지는 만큼 그것이 재료가 되어 천국 집의 크기가 결정되고 아름다움의 정도가 달라지는 것입니다. 그리고 이 땅에서 하나님께 영광 돌리는 것이 모두 상급으로 주어지며, 이러한 상급은 천국에서 우리 몸이나 집 안의 장식들로 아름답게 꾸며집니다. 사람마다 영광의 빛이 다를 뿐만 아니라 옷과 옷의 문양, 장식, 머리 모양, 면류관 등이 달라서 겉모습만 보아도 그가 얼마나 성결하고 충성했는지 금방 구별할 수 있습니다.

이를 통해 우리는 하나님께서 얼마나 의인을 기뻐하시고 악이 없는 사람을 사랑하시는지, 또한 영혼을 사랑하여 복음을 전하는 것을 얼마나 기뻐하시는지 알 수 있습니다. 항상 말씀대로 행하며 전도의 열매를 풍성히 맺음으로 천국의 영화로운 처소와 상급을 소유하시기 바랍니다.

섬기는 자가 큰 자

약육강식의 논리로 사는 사람은 마음에 평안이 없이 항상 불안할 수밖에 없습니다. 오늘날 남을 누르고서라도 내가 올라서야 한다는 욕망으로 불법과 불의를 행하며 사는 사람이 얼마나 많습니까? 하지만 이런 방법으로 명예와 권세, 부귀와 영화를 소유한 경우 때가 되면 모든 일이 선악 간에 드러나 어려움을 겪는 것을 자주 봅니다.

설령 죽음을 맞을 때까지 그것들을 다 가지고 있었다 해도 세상을 떠날 때에는 아무것도 가져갈 수 없으니 얼마나 허무합니까. 따라서 헛되고 일시적인 것을 위하여 수고하는 것이 아니라 참되고 영원한 것을 위하여 수고함으로 천국에서 큰 자가 될 수 있어야 합니다.

그러면 우리가 주 안에서 큰 자가 되려면 어떻게 해야 할까요?

마태복음 20장 26~28절을 보면 "너희 중에 누구든지 크고자 하는 자는 너희를 섬기는 자가 되고 너희 중에 누구든지 으뜸이 되고자 하는 자는 너희 종이 되어야 하리라 인자가 온 것은 섬김을 받으려 함이 아니라 도리어 섬기려 하고 자기 목숨을 많은 사람의 대속물로 주려 함이니라" 말씀합니다. 예수님은 하나님의 아들로서 모든 것을 소유하신 분인데 이 땅에 육신을 입고 오셔서 모든 사람을 섬기는 종이 되셨으므로 하나님께서 그를 높여 만왕의 왕, 만주의 주가 되게 하셨습니다(계 17:14).

예수님은 십자가의 처형을 당하시기 전날에도 제자들의 발을 씻기며 겸손과 섬김의 본을 보이셨습니다. "내가 주와 또는 선생이 되어 너희 발을 씻겼으니 너희도 서로 발을 씻기는 것이 옳으니라" 교훈하셨는데(요 13:14), 이는 예수님께서 마음을 낮추어 제자들의 발을 씻긴 것같이 진리 안에서 섬기는 사람이 되어야 천국에서 큰 자가 될 수 있음을 알려 주신 것입니다. 이 땅에서 큰 자는 일시적이며 천국에서 큰 자가 영원한 것이니 마음 중심에서 섬기는 자가 되어야겠습니다.

Part 6

뛰어난 사람, 복 있는 사람

Excellent Man, Blessed Man

당세에 완전한 사람 노아 | 축복을 받은 아브라함
범사에 형통했던 요셉 | 온 집에 충성한 모세
하나님 마음에 합한 다윗 | 하나님의 은총을 받은 다니엘 | 향유를 부은 막달라 마리아
변치 않는 믿음을 가진 사도 바울 | 뛰어난 사람, 복 있는 사람

"네가 네 하나님 여호와의 말씀을 삼가 듣고
내가 오늘날 네게 명하는 그 모든 명령을
지켜 행하면 네 하나님 여호와께서
너를 세계 모든 민족 위에 뛰어나게 하실 것이라
네가 네 하나님 여호와의 말씀을 순종하면
이 모든 복이 네게 임하며 네게 미치리니"
(신명기 28:1~2)

Excellent Man, Blessed Man

당세에 완전한 사람 노아

노아는 하나님 보시기에 의인이며 당세에 완전한 사람이었습니다. 온 세상 사람들이 죄로 물들어 심판을 받아 멸망할 때도 그는 구원받았습니다(창 6장). 그의 의로움을 보신 하나님께서 세상을 물로 심판하기 전에 미리 알려 주셔서 방주를 예비하도록 하셨지요. 마찬가지로 우리도 노아와 같은 의인이 되면 어떤 환경 가운데서도 하나님께서 형통하게 인도하십니다. 그러면 노아처럼 완전한 자가 되려면 어떻게 해야 할까요?

첫째로, 하나님 말씀을 사모해야 합니다.

베드로전서 2장 1~2절에 "모든 악독과 모든 궤휼과 외식과 시기와 모든 비방하는 말을 버리고 갓난아이들같이 순전하고 신령한 젖을 사모하라" 말씀합니다. 신령한 젖이란 하나님 말씀을 의미합니다. 따라서 신령한 젖을 사모하라는 것은 하나님의 음성을 듣고 그 말씀에 귀 기울여 선 가운데 살며 악은 모양이라도 버리라는 것입니다.

둘째로, 세상 유혹에 물들지 않는 온전한 마음을 가져야 합니다.

세상에 있는 것은 대부분 헛되고 무익한 것이므로 우리는 세상의 유혹에 휩쓸리지 말아야 합니다. 그러기 위해서는 초대교회 성도들과 같이 성전에 모이기 힘쓰고 말씀의 떡을 떼어야 합니다. 또한 구제하고 서로 돌아보아 고아나 과부를 살피며 선 가운데 행해야 합니다.

셋째로, 신의 성품에 참예하여야 합니다(벧후 1:4).

신의 성품에 참예하는 것이란 하나님께서 거룩하고 온전하신 것처럼 우리도 마음의 죄악을 버리고 거룩하고 온전해지는 것을 말합니다. 하나님께서는 "내가 거룩하니 너희도 거룩할지어다" 하셨으며(레 11:45), 예수님도 "하늘에 계신 너희 아버지의 온전하심과 같이 너희도 온전하라" 하셨습니다(마 5:48). 우리가 하나님 말씀에 순종하여 거룩하고 온전한 사람으로 변화되어 하나님이 인정하시는 의인이 되면 하나님의 인도를 받아 범사에 형통하며 마음껏 하나님의 뜻을 이루게 됩니다.

축복을 받은 아브라함

믿음의 조상 아브라함은 여호와 이레의 축복을 받은 사람입니다. '여호와 이레'란 '앞서 준비하시는 하나님'이라는 뜻으로, 듣기만 해도 가슴 벅찬 하나님의 이름입니다. 과연 아브라함이 어떠한 믿음을 소유하였기에 그러한 축복을 받았을까요?

첫째로, 하나님을 사랑하였습니다.

아브라함은 거짓이 없고 진실하여 하나님의 뜻이면 무엇이든 순종할 수 있는 마음이었습니다. 하나님께서 "너는 너의 본토 친척 아비 집을 떠나 내가 네게 지시할 땅으로 가라" 명하셨을 때에도 그대로 순종했습니다(창 12:1~4). 하나님의 뜻이면 무엇이든 순종하는 마음 자세, 그것이 바로 하나님을 첫째로 사랑한다는 증거입니다.

둘째로, 모든 사람과 화평함과 거룩함을 좇았습니다.

아브라함은 모두와 화평하는 마음이었기에 조카 롯에게 좋은 땅을 양보하는 사랑을 베풀 수 있었습니다. 또한 그는 거룩함을 좇았기에 내 것이 아니면 조금도 욕심내지 않았습니다. 롯이 다른 족속에게 사로잡혀 갔을 때 아브라함이 가서 그를 구해 오는데, 그 전쟁에서 얻은 재물을 조금도 취하지 않았습니다. 또 아내의 매장지를 구할 때도 막벨라 굴을 거저 주겠다는 헷 족속의 제안을 거절하고 그에 상당한 값을 치렀지요. 이처럼 사심이 없는 깨끗한 마음을 가졌던 것입니다.

셋째로, 창조주 하나님의 능력을 믿었습니다.

하나님께서 이삭을 짐승처럼 잡아 번제로 드리라고 하셨을 때에 인간적인 생각으로는 도저히 순종할 수 없는 일이었지만 아브라함은 이삭을 통한 하나님의 약속과, 죽은 자를 다시 살리시는 하나님의 능력을 믿었기에 온전히 순종하였습니다(창 22:1~10). 이처럼 순종한 그의 믿음을 의로 여기셔서 하나님께서는 번제로 드릴 숫양을 미리 준비하여 여호와 이레의 하나님을 나타내셨습니다. 뿐만 아니라 아브라함에게 믿음의 조상으로서 복의 근원이 되도록 축복하셨습니다.

범사에 형통했던 요셉

요셉은 야곱의 열한 번째 아들로서 형들에 의해 애굽에 종으로 팔려 갔지만 하나님 뜻 가운데 애굽 총리가 되어 그 나라와 자신의 가족을 기근에서 구하였습니다. 그러면 그의 신앙이 어떠하였기에 열악한 환경과 조건 속에서도 사람들의 인정을 받으며 하나님께 영광을 돌릴 수 있었는지 살펴보겠습니다.

첫째로, 하나님과 함께한 사람이었습니다.

창세기 39장 3절을 보면 "그 주인이 여호와께서 그와 함께하심을 보며" 말씀합니다. 요셉은 자신의 의지와 상관없이 노예가 되었지만 이러한 처지를 비관하지 않고 오직 하나님을 의뢰하며 말씀대로 행했습니다. 이런 행함과 마음이 하나님 보시기에 올바르기 때문에 하나님께서는 그와 함께하며 형통한 복을 주셨습니다.

하나님께서 함께하시면 아무리 어려운 환경에 처한다 해도 상관이 없습니다. 누구든지 요셉처럼 하나님을 온전히 의뢰하며 말씀대로 행하면 하나님께서 함께하시니 범사에 형통한 복을 받을 수 있습니다.

둘째로, 성실한 사람이었습니다.

요셉은 자신에게 주어진 환경 속에서 최선을 다하며 부지런하고 성실했습니다. 그는 보디발의 집에 팔려 갔을 때에 주인의 마음에 맞추어 최선을 다해 순종하고 성실히 행했습니다. 그가 억울한 누명을 쓰고 옥에 갇힌 후에도 마찬가지였습니다. 그곳에서도 얼마나 성실했던지 전옥(죄수를 관리하는 교도관)이 옥중 죄수들을 요셉의 손에 맡기고 그가 처리한 일들은 돌아보지 않을 정도였습니다(창 39:22~23). 우리도 직장이나 학교, 가정 등 자신이 있는 곳에서 맡은 일을 최선을 다해 성실하게 감당하면 주변 사람에게 인정받으며 하나님께 영광 돌릴 수 있습니다.

셋째로, 지켜야 할 선을 넘지 않았습니다.

요셉의 용모가 준수하므로 주인의 아내가 동침하자며 자꾸 유혹해 왔습니다. 그때마다 단호히 거절하였고 "내가 어찌 이 큰 악을 행하여 하나님께 득죄하리이까" 하며 주인이나 하나님 앞에 죄를 범하지 않았습니다(창 39:9). 이로 인해 그는 주인의 아내로부터 모함을 받아 감옥에 갇히게 되었지만 어느 누구에게 항변하지도 원망하지도 않았습니다. 결국 때가 되자 하나님께서는 그를 애굽 총리의 자리에 앉히셨습니다. 우리도 이러한 신앙을 본받아 어떤 유혹이나 욕심에 끌려, 혹은 자기 유익을 좇아 불의와 타협하거나 악을 행하는 것이 아니라 오직 정도를 지켜 행해야 하겠습니다.

온 집에 충성한 모세

충성이란 자신에게 주어진 사명을 감당하기 위해 마음과 뜻과 정성과 목숨을 다하는 것입니다. 하나님께서는 충성된 모세를 특별히 사랑하셔서 "그는 나의 온 집에 충성됨이라 그와는 내가 대면하여 명백히 말하고 은밀한 말로 아니하며 그는 또 여호와의 형상을 보겠거늘" 하고 칭찬하셨습니다(민 12:7~8). 과연 모세는 어떠한 사람이었기에 하나님의 사랑과 축복을 받았을까요?

첫째로, 하나님과 자기 민족을 지극히 사랑했습니다.

모세는 애굽이 이스라엘 백성을 심하게 학대할 때 태어났습니다. 이스라엘 백성이 번성하자 이를 두려워한 애굽 왕은 태어나는 이스라엘 사내아이들을 모두 죽이라 명했습니다. 모세도 죽게 될 처지였으나 그의 부모가 석 달간 숨겼다가 더는 숨길 수 없어 그를 갈 상자에 넣어

강물에 띄워 보냈습니다. 마침 애굽 공주가 그를 발견하여 양자로 삼 았습니다. 모세의 누이 미리암의 소개로 친어머니가 유모로서 그를 양 육하였기에 그는 하나님과 자기 민족에 대해 배울 수 있었습니다.

그러던 어느 날 애굽 사람이 이스라엘 백성을 때리는 것을 본 모세 는 그 애굽 사람을 죽였고, 그 사건으로 인해 결국 왕궁을 떠나 광야 에서 생활합니다(출 2:11~15). 만일 자기 안일만 생각했다면 동족이 고통 당하는 것을 보고도 모른 체했을 것입니다. 그러나 그는 하나님의 백 성과 함께 고난 받는 것을 잠시 죄악의 낙을 누리는 것보다 더 좋아 했기에 동족이 고통당하는 것을 그냥 지나칠 수 없었습니다. 이처럼 스스로 고난의 길을 택한 것은 하나님과 자기 민족을 사랑하며 영원 한 하늘나라의 상급을 애굽의 모든 보화보다 귀하게 여겼기 때문입니 다(히 11:26).

둘째로, 땅 위의 모든 사람보다 온유함이 승하였습니다.

모세는 출애굽 지도자로서 백성을 가나안 땅으로 인도하는 과정에 서 숱한 어려움을 겪었습니다. 하나님께서 베푸신 기사와 표적을 보면 서도 어려울 때마다 백성들은 원망 불평을 하며, 심지어 모세를 돌로 치려 했습니다. 게다가 그가 십계명을 받기 위해 산에 있을 때, 백성들 이 금송아지를 만들어 자신들의 신이라며 섬겼습니다. 이를 보고 하나 님께서는 백성들을 멸하고 모세의 후손으로 큰 나라를 이루고자 하셨습니다. 이때 모세는 "그들의 죄를 사하시옵소서 그렇지 않사오면 원컨대 주의 기록하신 책에서 내 이름을 지워 버려 주옵소서" 하며 대신 사랑의 기도를 올렸습니다(출 32:32). 이처럼 온유함이 승하여 어찌하든 백성을 구원하려는 마음이었기에 하나님께서 '지면의 모든 사람보다 온유하다'(민 12:3) 인정하신 것입니다.

셋째로, 온 집에 충성하였습니다.

충성이란 자신의 사명을 감당하기 위해 마음과 뜻과 정성과 목숨을 다하는 것입니다. 이러한 충성이 직장이나 가정, 학교 그리고 교회 등 모든 분야에서 이루어질 때 온 집에 충성했다 할 수 있습니다.

모세는 한 민족의 지도자였지만 장인 이드로의 충고에 귀 기울일 줄 아는 겸손한 사람이었습니다(출 18장). 또 누이 미리암이 그를 비방하다가 문둥병에 걸렸을 때에는 자신이 대신 하나님께 간구함으로 치료받을 수 있었습니다(민 12장). 이스라엘 백성이 수없이 그를 원망하고 대적할 때에도 모든 것을 사랑으로 인내하며 충성되이 그들을 인도하였습니다. 히브리서 3장 5절에 보면 "모세는 장래에 말할 것을 증거하기 위하여 하나님의 온 집에서 사환으로 충성하였고" 했습니다. 사환이란 잔심부름을 위해 고용된 일꾼을 뜻하므로 모세가 얼마나 자신을 낮추어 사명을 충성되이 감당했는지를 알 수 있습니다.

하나님 마음에 합한 다윗

다윗은 이새의 여덟 아들 중 막내로서, 양을 치는 목동이었습니다. 어느 날, 하나님의 지시를 받은 사무엘 선지자가 이새의 집에 찾아왔습니다(삼상 16장). 사무엘은 외모가 뛰어난 첫째 엘리압을 주목하였으나 하나님께서는 "사람은 외모를 보거니와 나 여호와는 중심을 보느니라" 하시며 다윗을 왕으로 세우게 하셨습니다. 다윗은 이후 하나님께 "내 마음에 합한 사람이라"는 칭찬까지 받았습니다. 그는 어떠한 사람이었기에 이런 사랑과 축복을 받았을까요?

첫째로, 하나님을 경외하는 사람이었습니다.

잠언 8장 13절을 보면 "여호와를 경외하는 것은 악을 미워하는 것이라" 했습니다. 다윗은 하나님을 경외하며 사랑하였기에 악에서 떠나 말씀대로 지켜 행함으로 하나님을 기쁘시게 하는 삶을 살았습니다(시

119:74). 한때 밧세바를 취하고 그의 남편 우리아를 이방인의 손에 죽게 하는 큰 잘못을 범하였지만 선지자로부터 책망을 받자 그 즉시 회개하는 중심이었습니다.

둘째로, 생명을 다해 사명을 감당하는 사람이었습니다.

다윗이 소년 시절 아버지의 양을 칠 때 어떤 마음으로 감당했는지 그의 고백을 통해 알 수 있습니다. 사무엘상 17장 34~35절에 "사자나 곰이 와서 양 떼에서 새끼를 움키면 내가 따라가서 그것을 치고 그 입에서 새끼를 건져 내었고 그것이 일어나 나를 해하고자 하면 내가 그 수염을 잡고 그것을 쳐 죽였었나이다"라고 했습니다. 이처럼 자신이 맡은 양 떼를 돌볼 때에도 생명 다해 지켰던 것입니다.

셋째로, 참 믿음을 소유한 사람이었습니다.

블레셋의 이름난 장수 골리앗은 키가 3미터에 가까운 거인으로 놋 투구와 놋 단창과 갑옷으로 무장한 용사였습니다. 반면 다윗은 양을 돌보다 아버지의 심부름으로 전쟁터에 들른 소년에 불과했습니다. 그런데 골리앗이 40일 동안 밤낮으로 이스라엘 군대를 모욕하며 큰소리를 치자, 다윗은 견딜 수가 없었습니다. 맨몸으로 물매와 돌 다섯 개만 가지고 골리앗을 향해 담대히 나아갔습니다. 그에게는 전지전능하신 하나님을 의지하는 참 믿음이 있었기 때문입니다. 하나님께서 범사에 함께하시고 형통하게 인도해 주실 것을 마음 중심에서 믿었기에 과연 그 믿음대로 통쾌한 승리를 거두었습니다. 그가 물매로 던진 돌이 골리앗의 이마에 적중하여 골리앗이 쓰러지자 전세가 역전된 것입니다(삼상 17:46~49).

넷째로, 끝까지 선을 행하는 중심이었습니다.

사울 왕은 지혜롭고 담대한 다윗을 군대의 장으로 삼았습니다. 그런데 다윗이 전쟁터에서 이기고 돌아올 때 여인들이 환영하며 "사울의 죽인 자는 천천이요 다윗은 만만이로다" 노래하니 사울은 시기심이 발동했습니다. 악신으로 고통받는 자신을 위해 수금을 타 주는 다윗에게 단창을 던져 죽이려고도 했습니다. 사울이 번번이 그를 죽이려 했지만 다윗은 사울을 죽일 수 있는 기회가 와도 결코 죽이지 않았고, 끝까지 선을 좇아 행했습니다. 위의 세 가지를 다 갖추었다 해도 그 중심이 쉽게 변한다면 온전한 그릇이 될 수 없습니다. 그러나 비록 자신에게 해가 올지라도 변함없이 선을 행하고 정도를 걷는다면 다윗처럼 하나님의 사랑을 받는 존귀한 사람이 될 수 있습니다.

하나님의 은총을 받은 다니엘

세상에는 각종 어려운 문제로 참 평안을 누리지 못하는 사람이 많습니다. 그런데 신실한 믿음을 소유한 사람은 조금도 염려할 것이 없음을 성경을 통해 알 수 있습니다. 다니엘은 포로로 잡혀간 상황에서도 총리의 자리에 올랐고 오직 하나님께 영광 돌리는 삶을 살았습니다(단 6장). 그러면 다니엘이 어떠한 신앙을 소유하였기에 하나님의 은총을 받았는지 살펴보겠습니다.

첫째로, 하나님을 향한 확고한 사랑을 보였습니다.

다니엘은 바벨론 왕 느부갓네살이 남 유다를 침략했을 때 포로로 잡혀갔습니다. 바벨론 왕은 포로 중에 똑똑한 소년들을 데려다가 3년 동안 그 나라 학문을 가르치고 왕의 진미를 먹게 했습니다. 다니엘도 발탁되었는데, 그는 진미 중에 우상의 제물이나 가증한 음식이 있을

까봐 채식을 먹게 해 달라고 간청했습니다. 이처럼 그가 하나님을 사랑하고 경외함으로 계명을 지키고자 힘쓰니 하나님께서 그 모든 상황을 주관하여 합력하여 선을 이뤄 주셨습니다. 뿐만 아니라 뛰어난 재능과 몽조(夢兆)를 깨우치는 능력까지 주셨습니다. 우리도 어떠한 처지에 놓인다 해도 하나님을 향한 사랑을 분명히 나타내면 사랑과 은총을 받을 수 있습니다.

둘째로, 하나님께 대한 믿음을 변함없이 지켰습니다.

다니엘이 다리오 왕 시대에 전국을 다스리는 총리로서 왕의 사랑을 받으니 이를 시기한 신하들이 그를 모함하였습니다. 그들은 왕에게 한 가지 금령을 세우도록 청합니다. 누구든지 왕 외에 다른 신에게 무엇을 구하면 사자 굴에 던져 넣자는 것입니다. 이 사실을 알면서도 그는 예루살렘을 향하여 창문을 열고 하루 세 번씩 기도하였습니다. 결국 금령을 어긴 죄로 사자 굴에 던져졌지만 하나님께서 천사를 보내 사자의 입을 봉하시므로 조금도 상하지 않았습니다.

다니엘은 자신에게 주어진 모든 것이 하나님의 은혜임을 알았기에 생명의 위협이 와도 절대 타협하지 않고 믿음을 지켰던 것입니다. 이와 같이 우리도 세상과 타협하지 않고 정도를 걸으면 하나님께서 지키고 보호해 주십니다.

셋째로, 최선을 다해 직분을 감당하며 나라를 위해 충성했습니다.

그는 느부갓네살 왕 때에 바벨론 모든 박사의 어른으로 있었고, 또한 페르시아 다리오 왕 때에도 세 총리 중 한 사람으로서 무슨 일에든 열심과 충성을 다하였습니다. 하나님께서는 이처럼 모든 일을 충성되이 감당하는 다니엘에게 이상 가운데 앞으로 있을 세계의 역사에 관한 큰 일을 보이며 은총을 베푸셨습니다(단 9장). 우리도 다니엘과 같은 신실한 믿음의 행함으로 하나님을 기쁘시게 하여 하나님의 은총과 사랑을 받을 수 있어야 하겠습니다.

향유를 부은 막달라 마리아

예수님께서는 공생애 기간 중에 병든 사람을 치료하고 천국 복음을 전파하여 많은 이들에게 소망과 위로가 되셨습니다. 막달라 마리아는 대대로 심하게 우상을 숭배한 지역에서 자랐기에 어둠의 세력에 눌려 온갖 질병에 시달리며 고통을 받았습니다. 그러던 어느 날, 마리아는 권능을 행하시는 예수님에 대한 소문을 들었고, 그분을 만나면 자신의 연약함과 질병도 치료될 수 있다는 믿음이 생겼습니다.

마침 예수님이 마을에 오셨다는 소식을 듣자, 마리아는 향유가 든 옥합을 들고 예수님이 계신 곳으로 갔습니다. 감히 그 앞에 설 수 없어 예수님의 뒤편으로 다가가 발치에 이르니 울음이 복받쳐 예수님의 발을 눈물로 적셨습니다. 그녀는 머리카락으로 예수님의 발을 닦은 후 옥합을 깨뜨려 귀한 향유를 부어 드렸습니다.

이처럼 막달라 마리아가 믿음으로 예수님께 나아와 지극한 정성을 내보이니 하나님 은혜로 죄를 용서받고 구원에 이름은 물론, 모든 병이 치료되었습니다.

그러면 마리아가 옥합을 깨뜨려 예수님께 향유를 부어 드린 데에는 어떤 의미가 담겨 있을까요?

여기서 옥합은 영적으로 몸을 상징합니다. 옥합을 깨뜨린다는 것은 예수님께 자기 몸을 드려 헌신한다는 의미입니다. 아무리 값비싼 향유라도 옥합을 깨뜨려야만 부을 수 있습니다. 즉 자신의 권위나 체면을 개의치 않고 온전히 자기를 포기할 때 비로소 이러한 헌신이 가능해진다는 것입니다. 그렇지 않을 때는 생각이 동원되어 '남들이 어떻게 생각할까?' 하기 때문에 온전한 헌신이 나오지 못합니다.

당시 향유는 매우 값비싼 것이었습니다. 따라서 막달라 마리아가 옥합을 깨뜨려 그 속에 든 향유를 예수님께 부어 드린 영적인 의미는 마음 속에 있는 진정과 모든 정성을 드렸다는 뜻입니다. 또한 자신의 머리카락으로 예수님의 발을 씻어 드렸다는 것은 온전히 낮아지는 겸손과 섬김, 간절한 사랑과 헌신의 표현입니다. 우리도 자존심이나 교만 등 모든 육적인 것을 깨뜨리고 가장 값진 마음과 진정을 주님께 드리며 헌신할 수 있어야 하겠습니다.

변치 않는 믿음을 가진 사도 바울

사도 바울은 한때 독실한 유대교 신자로서 예수 그리스도를 믿는 사람들을 옥에 가두며 죽이기에 앞장섰던 사람입니다. 그러나 주님을 만나 회심한 후에는 이방인의 사도가 되어 수많은 사람에게 복음을 전하며 교회를 세웠습니다. 그는 어떤 핍박이 온다 해도 변함없는 중심으로 믿음의 길을 달려갔습니다(행 20:24).

복음을 전하다 매를 맞고 감옥에 갇혔을 때에도 오직 기도하며 하나님을 찬미하였습니다. 그러자 갑자기 큰 지진이 일어나 옥터가 움직이고 옥문이 다 열리는 역사가 일어났지요(행 16:25~26). 또한 빌립보 감옥에 갇혀 있을 때에도 낙담하거나 슬퍼하지 않았으며, 오히려 빌립보 교회 성도들을 향해 항상 기뻐하라고 권면하였습니다(빌 4:4).

여러 번 죽을 뻔하고 살 소망이 끊어지기까지 고난을 당했지만(고후

1:8, 11:23), 조금도 힘들다 하지 않았고 단 한 번도 예수 그리스도를 부인하지 않았습니다. 오직 천국 소망 가운데 항상 기뻐하고 감사하며 충성되이 사명을 감당해 나갔습니다.

그래서 사도 바울은 디모데후서 4장 7~8절에 "내가 선한 싸움을 싸우고 나의 달려갈 길을 마치고 믿음을 지켰으니 이제 후로는 나를 위하여 의의 면류관이 예비되었으므로 주 곧 의로우신 재판장이 그 날에 내게 주실 것이니 내게만 아니라 주의 나타나심을 사모하는 모든 자에게니라" 고백할 수 있었습니다.

하나님께서는 사도 바울처럼 변함이 없는 믿음의 사람들을 찾으시고, 이들을 통해 하나님의 일을 이루며 영광을 받으십니다.

그런데 어떤 사람은 하나님 앞에 열심히 충성 봉사한 후에 불평합니다. 이는 믿음으로 행한 것이 아니므로 아무리 수고했다 하더라도 하나님께서 기뻐하시지 않습니다. 하나님께서는 믿음으로 행하는 것만 기뻐 받으시기 때문입니다. 우리도 사도 바울처럼 변치 않는 믿음으로, 천국 소망 가운데 오직 감사함으로 하나님 나라를 이뤄야 하겠습니다.

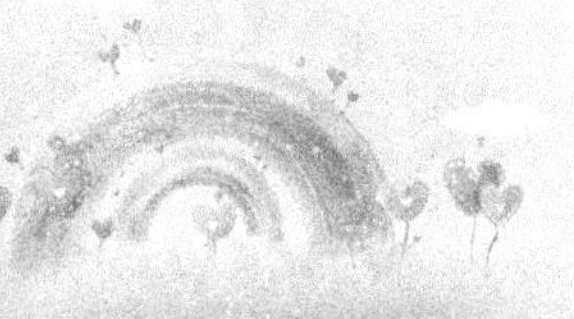

뛰어난 사람, 복 있는 사람

세상에는 각 분야에 뛰어난 업적을 남긴 사람이 많습니다. 그들은 신념이 확고하고 목적이 분명했으며 그것을 이루기 위해 생명을 아끼지 않았기에 역사에 큰 발자취를 남길 수 있었습니다. 하지만 그것이 이 세상의 업적으로만 끝난다면 진정 뛰어난 사람이라 할 수는 없습니다. 참된 진리의 빛을 비추는 사람이라야 참으로 뛰어난 사람이라 할 수 있습니다.

그러면 우리가 진정 뛰어난 사람, 복 있는 사람이 되어 가치 있는 삶을 영위하려면 어떻게 해야 할까요?

신명기 28장 1절을 보면 "네가 네 하나님 여호와의 말씀을 삼가 듣고 내가 오늘날 네게 명하는 그 모든 명령을 지켜 행하면 네 하나님 여호와께서 너를 세계 모든 민족 위에 뛰어나게 하실 것이라" 말씀합니다. 뛰어난 사람이 되려면 하나님 말씀대로 지키고 행하며, 버리라 하신 것은 버리는 등 온전히 하나님 뜻을 좇아 성결한 삶을 살아야 한다는 것입니다.

사랑의 하나님께서는 우리가 뛰어난 사람이 될 뿐 아니라 복 있는 사람이 되기를 원하십니다. 신명기 28장 2~6절을 보면 "네가 네 하나님 여호와의 말씀을 순종하면 이 모든 복이 네게 임하며 네게 미치리니 … 네가 들어와도 복을 받고 나가도 복을 받을 것이니라" 말씀했습니다. 여기에서 순종이란, 자신의 힘으로 할 수 있는 것뿐 아니라 사람의 지식이나 경험으로는 도저히 이해하기 힘들거나 할 수 없는 일을 명하실 때도 믿음으로 행하는 것을 의미합니다.

성경에 나오는 다니엘이나 요셉, 아브라함, 모세와 같은 믿음의 선진들은 그런 순종을 하되 즐거운 마음으로 했습니다. 하나님을 믿고 그 명령을 온전히 지켜 행했으며 어떠한 환경과 조건에서도 기뻐하고 감사하였습니다. 그들은 결국 뛰어나고 복된 사람이 되어 하나님의 일을 크게 이루며 맘껏 영광을 돌렸습니다. 우리도 하나님 말씀을 삼가 듣고 순종하면 믿음의 선진들처럼 참으로 뛰어난 사람, 복 있는 사람이 될 수 있습니다.

생명의 샘 

초판 1쇄 발행 1999년 10월 10일
2판 1쇄 발행 2011년   1월 27일
3판 1쇄 발행 2024년   5월13일

지은이   이재록
발행인   김진홍
편집인   빈금선

발행처   우림북
영업부   02-818-7241

등록번호 제 2009-000029호

값 10,000원

ISBN 978-89-7557-405-4 (03230)